kosmos Naturführer

Naturspaziergang
Am Wasser

Weitere Bände:

Naturspaziergang Wald
Naturspaziergang Wiese

Kosmos
Gesellschaft der
Naturfreunde
Franckh'sche
Verlagshandlung
Stuttgart

Ralf Blauscheck

Naturspaziergang Am Wasser

Beobachten – Erleben – Verstehen

Umschlag von Kaselow-Design, München, unter Verwendung einer Aufnahme von Reinhard-Tierfoto.

Franckh'sche Verlagshandlung, W. Keller & Co., Stuttgart/1990

ISBN 3-440-06023-3
Lektorat: Rainer Gerstle
Herstellung: Lilo Pabel
Printed in Germany / Imprimé en Allemagne
Satz: G. Müller, Heilbronn
Reproduktion: G. Schmid, Stuttgart
Druck und Buchbinder: Mohndruck, Gütersloh

142 Farbfotos von R. Blauscheck (S. 7–19, 23u, 26/27, 28, 29u, 30o, 33, 35, 36, 38, 39u, 42, 43, 46r, 53u, 56, 58–62, 63u, 67, 68, 73, 80, 81, 86, 89, 94u, 95–103, 114–123), H. D. Brandl (S. 24M), J. Diedrich (S. 24o, 25M, 25ul, 94o, 107), K. Frantz (S. 46l, 108), H. Fürst (S. 39o, 77), H. Fürst/D. Stahl (S. 76r), G. Jurzitza (S. 52), A. Klees (S. 110, 111, 112o). R. König (S. 50/51), W. Layer (S. 45o, 53o, 69o, 91), A. Limbrunner (S. 2/3, 22u, 23o, 45u, 47o, 49, 76l), D. Nill (S. 31o), H. Pfletschinger/T. Angermayer (S. 22o, 23M, 25o, 29o, 30u, 32ul + ur, 48o, 69u), E. Pott (S. 70o, 71r, 87u, 105r), Reinhard-Tierfoto (Vorsatz, S. 1, 4/5, 22M, 32o, 63o, 71l, 78/79, 83, 113), H. Reinhard/T. Angermayer (S. 23M), S. Sammer (S. 109u), F. Sauer (S. 31u, 37, 48u), H. Schneider (S. 47u), P. Schönfelder (S. 57), H. Schrempp (S. 30M), W. Schubert (S. 87o, 106), G. Synatzschke (S. 55, 70u), J. Weber (S. 90, 105l), K. Wernicke (S. 24u, 25ur, 104, 112u), L. Zier (S. 109o)
sowie 6 doppelseitige Farbzeichnungen von Marianne Golte-Bechtle (S. 40/41, 84/85, 92/93) und Ulrike Müller (S. 64/65, 74/75, 100/101).

CIP-Titelaufnahme der Deutschen Bibliothek

Blauscheck, Ralf:
Naturspaziergang am Wasser : Beobachten – Erleben – Verstehen / Ralf Blauscheck. – Stuttgart : Franckh, 1990
(Kosmos-Naturführer)
ISBN 3-440-06023-3

Naturspaziergang Am Wasser

Vorwort

Wasser in jeglicher Form bestimmt das Leben auf unserer Erde: Ob in den Bächen, Tümpeln und Seen, dem Nebel einer engen Klamm oder unter dem Eis eines Sees – jedesmal sind Lebewesen vom Wasser abhängig. Die Bedeutung dieses Lebenselementes können wir gar nicht hoch genug einschätzen – wir gehen aber damit um, als ob die Reinheit des Wassers das Unwichtigste der Welt sei.
Schauen wir uns in unserer näheren Umgebung um, so stolpern wir an jeder Ecke über die zerstörerischen Einflüsse gedankenloser Mitmenschen: Oft ist es nur eine langsam verrottende Getränkedose, die uns stört, mal aber auch eine wilde Müllhalde in einem illegal verkippten Quellsumpf.
Unter meterdicken Schuttmassen setzen hier Altölkanister, Lackdosen und Plastikflaschen langsam aber sicher ihren todbringenden Inhalt frei. In der Regel können wir nicht erkennen, warum unsere Tiere und Pflanzen allmählich verschwinden. Würden wir der Reinerhaltung der Luft, des Wassers und des Bodens mehr Beachtung schenken und nicht in unserer üblichen Wegwerfeinstellung reagieren, könnte manche Art gerettet werden, ohne daß gezielte, meist kostspielige Maßnahmen zu ihrem Schutz notwendig wären.
Mit diesem Buch möchte ich aufmerksamen Naturinteressierten aller Altersklassen Anregungen für eigene Beobachtungen geben: Beobachtungen, wie wir sie heute (noch) an jedem einigermaßen naturnahen Bach, Tümpel oder See erleben können. Gewässer bieten dazu das ganze Jahr über geeignete interessante Möglichkeiten, auch wenn im Winter hier das Leben „auf Sparflamme" läuft.
Kaum jemand kennt jedoch die kleinen und oftmals faszinierenden Geheimnisse, die sich über und unter der Wasseroberfläche abspielen. Auf zahllosen Exkursionen konnte ich erfahren, wie begeistert Kinder und Jugendliche – und deren Eltern – bei der Sache sind und mir Löcher in den Bauch fragen, wenn Libellenlarven und Gelbrandkäfer, Kaulquappen oder Molche im Kescher zappeln.
Das vorliegende Buch soll diese Erlebnisse vermitteln und zu eigenen Beobachtungen anregen, damit unsere Kinder nicht nur anhand der „Konservenbiologie" aus Filmen von unserer einheimischen Natur erfahren müssen. Wenn einige erkennen, wie wichtig die Erhaltung der letzten verbliebenen Feuchtgebiete mit den nur dort lebenden Pflanzen- und Tierarten ist, habe ich das Ziel meines Buches erreicht.
Der bewußte Kontakt mit der heimischen Natur kann Kinder und Jugendliche anregen, ihrerseits dazu beizutragen, daß die Naturschutzbestrebungen zukünftig auf eine breitere Basis gestellt werden können.

Das Interesse an der Natur sollte bereits in jungen Jahren geweckt werden. Eine Tümpelexpedition ist ein idealer Einstieg.

Kleine Gewässerkunde

Bevor wir unseren „Naturspaziergang am Wasser" den Jahreszeiten entsprechend beginnen, sollten einige Grundlagen erläutert werden, die zu einem besseren Verständnis der Einzelbeobachtungen beitragen.
Zu den wichtigsten Faktoren, die einen Gewässertyp bestimmen, gehören

* Temperatur
* Sauerstoffgehalt
* Fließgeschwindigkeit
* Größe und Tiefe
* Nährstoffgehalt
* pH-Wert („Säurewert")

Es ist einleuchtend, daß die unterschiedlichen Bedingungen untereinander zusammenhängen, jedoch ist den meisten Naturfreunden kaum bekannt, welche Verknüpfungen bestehen. Das wohl wichtigste und auffälligste Phänomen ist das Zufrieren der Gewässer im Winter. Doch längst nicht alle Gewässer sind gleichermaßen betroffen, denn die Fließgeschwindigkeit eines Baches oder die Größe eines Weihers bestimmen den Grad und die Dauer des Zufrierens.
Aber auch der Sauerstoffgehalt und die Temperatur hängen eng zusammen: Das kühle Wasser eines Bergbaches kann aufgrund physikalischer Gesetzmäßigkeiten wesentlich mehr Sauerstoff

Klares, kühles Wasser kennzeichnet die meisten Tümpelquellen.

aufnehmen als das eines warmen Tümpels. Würden wir Tiere eines Bergbaches in einen besonnten, flachen Tümpel umsetzen, müßten sie schnell an Sauerstoffmangel sterben.

Zur besseren Übersicht teilen wir die heimischen Gewässer in drei Gruppen ein, die sich anhand ihrer Gemeinsamkeiten so am einfachsten beschreiben lassen:

1. Quellregion
2. Fließgewässer: Bäche und Flüsse
3. Stehende Gewässer: Tümpel, Teiche, Weiher, Seen

Die Vielfalt der Erscheinungsformen ist jedoch in jeder Gruppe so groß, daß nur die allgemeinen Grundlagen dargestellt werden können. Ein Tümpel in den Alpen hat zwar Gemeinsamkeiten mit einem Tümpel im friesischen Flachland, jedoch wird das Alpengewässer je nach Gesteinsuntergrund, Umland, Besonnung und Höhenlage völlig anders aussehen. Dementsprechend wird sich auch die Tier- und Pflanzenwelt stark unterscheiden.

Die Quellregion

Die sprichwörtliche Reinheit des kristallklaren, sauberen Quellwassers besteht vielerorts heute nur noch in den Dorfgeschichten. In der Regel ist das ehemals saubere Quellwasser heute zu einem Giftmix von Abwasserrückständen aus Landwirtschaft und Haushalten verkommen.

Wenn das Grundwasser in einer Quelle an die Oberfläche tritt, hat es meist eine lange Reise durch Erdreich und Gestein hinter sich.

Die grünen Polster des Milzkrautes zeigen Sickerquellen an.

Die Mehrzahl der Inhaltsstoffe wird auf dem unterirdischen Weg durch feinste Poren und Hohlräume herausgefiltert. Quellwasser ist deshalb in der Regel nährstoff- und sauerstoffarm, zumal auch Abbauvorgänge in den oberen Bodenschichten dem Wasser Sauerstoff entziehen. Beim Austritt hat das Quellwasser aufgrund der Frostfreiheit tiefer Boden- und Gesteinsschichten trotz jahreszeitlicher Witterungsschwankungen eine gleichmäßig niedrige Temperatur von etwa 8–9 Grad Celsius.
Im Sommer fördert die Quelle kühles, im Winter im Vergleich zur Umgebung relativ warmes Wasser. Die Schwankungen betragen im Laufe eines Jahres oft weniger als 2 Grad Celsius. Auch in strengen Wintern frieren Quellen deshalb in der Regel nicht zu. Aber auch unter den Quellen finden wir verschiedene Ausprägungen, die in ihrer Beschaffenheit sehr variieren. Je nach Art des austretenden Wassers unterscheiden wir Sicker-, Tümpel- und Sturzquellen.
Die wohl häufigste Quellform sind Sickerquellen, die meist ein unscheinbares Dasein führen. Das Grundwasser sickert oberhalb einer wasserstauenden Schicht allmählich aus dem Erdreich. Große versumpfte Mulden, überzogen von einer wenig spezialisierten, aber eigenen Pflanzenwelt, sind typische Merkmale von Sumpf- und Sickerquellen. Hier finden wir bekannte Arten wie Milzkraut, Brunnenkresse oder Bitteres Schaumkraut. Die geringe oder weitflächig verteilte

Wasserführung wird allmählich in einer Vielzahl von Rinnsalen gesammelt und bildet den Quellbach. Die wenigen hochspezialisierten Quellbewohner verbringen ihr gesamtes Leben verborgen unter Pflanzen oder Fallaub. Die lichtscheuen Arten sind die ständige Dunkelheit des Grundwassers gewohnt und sterben bei Tageslicht und geringfügig höheren Wassertemperaturen sehr schnell ab. Arten wie der Höhlenflohkrebs, die Quellschnecke oder der Alpenstrudelwurm zählen zu diesen Quellspezialisten.

Wenn die austretende Wassermenge größer ist und stellenweise die leichteren Bodenbestandteile mitzureißen vermag, spricht man von einer Tümpel- oder Sprudelquelle.

Oft können wir die am Bodengrund aufsteigenden Sandfontänen „aufkochen" sehen, wenn das Wasser den Bodengrund hochwirbelt.

Tümpelquellen liegen in kleineren, oft nur einen Meter durchmessenden Mulden, in denen das aufgewirbelte Material allmählich immer weiter nach außen verlagert wird.

Das leichte und feinkörnige Material wird mitgespült, und reine Sandflächen am Boden zeigen deutlich eine Tümpelquelle an.

In größeren Quelltöpfen bildet die Pflanzenwelt oft gewaltige schwimmende Bestände aus. Charakteristisch sind Unterwasserpflanzen wie der Wasserstern und bestimmte Hahnenfußarten, aber auch Randbewohner wie die Brunnenkresse und das Bittere Schaumkraut.

Das Tierleben spielt sich hier nicht ganz so im Verborgenen ab wie in einer Sickerquelle. Oft finden wir in Tümpelquellen die gleichen Arten wie in oberflächenwassergespeisten Tümpeln. Amphibien wie Fadenmolche, Grasfrösche und Feuersalamander suchen zum Ablaichen gern Tümpelquellen auf. Dank der ständigen Zufuhr des relativ warmen Quellwassers werden im Winter die Lebensvorgänge kaum unterbrochen. Selbst in tiefverschneiten Quellen finden wir zahlreiche aktive Bewohner.

Die spektakulärste Form des Grundwasseraustritts, die Sturzquelle, finden wir besonders im Bereich der Hochgebirge, wo aus oft nur wenige Zentimeter großen Gesteinsritzen gewaltige Wassermengen ausströmen. Hier ist kaum Raum für Pflanzenbesiedlung. Alles, was sich der Kraft des Wassers in den Weg stellt, wird mitgerissen und zu Tal geschwemmt.

Auch an kleineren Erhebungen finden wir Sturzquellen: Dort, wo wasserstauende Schichten zu einem gerichteten Grundwasseraustritt führen, treten an Steilwänden und Hängen Sturzquellen zutage. Fließt das Wasser über Felskaskaden, kommt es häufig zu sogenannten „Rieselfluren": Flächen, an denen herabrieselndes Wasser einen ständigen Feuchtigkeitsfilm über Gestein und Pflanzen zieht. Viele übermooste Felswände zeugen von der Anwesenheit einer Rieselflur mit ihrer hochspezialisierten Lebewelt, die lediglich den hauchdünnen Wasserfilm auf Felsen und Pflanzen zum Überleben benötigt.

Die Sturzquelle bahnt sich kraftvoll ihren Weg durch den Untergrund (oben).

Kleinere freigespülte Becken schafft das austretende Wasser von Sprudelquellen (unten).

Urwüchsig und gewaltig schießen die Wassermengen eines Gebirgsbaches zu Tal.

Fließgewässer

Der wichtigste und bestimmendste Faktor für alle Fließgewässer ist ihre Strömungsgeschwindigkeit. Die reißenden, tosenden Wassermassen in einem Gebirgsbach ebenso wie die des ruhig dahingleitenden Unterlaufes eines Flachlandflusses besitzen jeweils eine spezifische Tier- und Pflanzenwelt. Während die einen Lebewesen in der reißenden Strömung einen ständigen Überlebenskampf führen, was zu Anpassungen wie extremer Stromlinienform, Klauen, Haken und ausgefeilten Jagdmethoden geführt hat, trotzen im Unterlauf die Lebewesen dem Sauerstoffmangel und schadstoffbelasteten Schlamm.
Die Besiedler der quellnahen Bereiche sind an die Bedingungen des Oberlaufes angepaßt. Schon einige hundert Meter unterhalb können die meisten von ihnen nur kurze Zeit überleben. Besonders die höheren Temperaturen und der geringere Sauerstoffgehalt sind für sie lebensfeindlich.
Im Laufe der Bachfließstrecke verändern sich einige Merkmale sehr deutlich: Das allmählich langsamer fließende Wasser lagert im Oberlauf zunächst große Steinbrocken ab. Nach und nach weichen die hinterlassenen Steine ausgedehnten Schotterflächen, bis sich im Unterlauf schließlich auch der feine Schlamm ablagert. So können wir anhand der Korngröße des Untergrundes die Strömungsgeschwindigkeit ablesen: Über 1,5 m pro Sekunde werden große Steine bewegt, bei 0,5 m/s noch Sand und ab 0,2 m/s nur noch der feine Schlamm.
Aufgrund der sinkenden Fließgeschwindigkeit und der dadurch länger einwirkenden Besonnung steigen gleichzeitig zum Unterlauf hin die Temperatur und deren jahreszeitliche Schwankungen. Im Sommer können an ruhigen, besonnten Flußabschnitten durchaus 20–25 Grad Celsius herrschen.
Mit der Temperaturzunahme sinkt aber auch der Sauerstoffgehalt: An der Mündung vermag das Wasser fast nur noch etwa die Hälfte des Sauerstoffes zu binden wie in der ständig kühlen Quellbachregion.
Die wildbewegte Dynamik des Oberlaufes weicht im Laufe eines Bachlebens allmählich dem ruhigen, aber dennoch stetig seine Umgebung verändernden Mittelgebirgsbach. Während er im Oberlauf noch an sein tiefeingegrabenes Bett gefesselt ist, ver-

breitert er sich im Unterlauf scheinbar unregelmäßig: Ein naturnaher, noch nicht in ein Betonkorsett gepreßter Bach fließt in Mäandern durch das Tal. An den ruhigeren Innenschleifen, den sogenannten Gleitufern, lagert er mehr Schotter, Sand und Schlamm ab als an den außen liegenden Prallhängen, die vom Wasser nach und nach angenagt werden, so daß auf dieser Seite Steilufer entstehen. Man bezeichnet dieses sich ständig verändernde Fließverhalten eines Baches oder Flusses als Mäandrieren. Ein naturnaher Bach wird nicht selten nach dem Frühjahrs- oder Herbsthochwasser seinen Verlauf ändern, so daß es zur Ausbildung von Altarmen kommen kann.
Besonders im Flachland haben die großen Flüsse wie Rhein, Weser, Elbe und Ems ursprünglich gewaltige Altwassersysteme ausgebildet, deren Wert für die Pflanzen- und Tierwelt einzigartig war. Hier gab es Brutkolonien der Uferschwalben ebenso wie kopfstarke Bestände der Graureiher. Doch der Mensch hat im Rahmen von Hochwasser-Sicherungsmaßnahmen bis auf wenige Reste die Altwässer mit ihren begleitenden Auwäldern unwiederbringlich zerstört.
Von den Fischereiverbänden werden die Fließgewässer anhand des Fischbestandes in sogenannte Fischregionen eingeteilt und nach den dort anzutreffenden Hauptarten bezeichnet. Auf die Forellenregion im Oberlauf folgt die Äschenregion im oberen Mittellauf, danach tritt die Barbe als Leitfisch der Barbenregion auf. Zum Unterlauf hin, nachdem der Fluß seine wildbewegte Geschichte in die Landschaft geschrieben hat und zum großen, langsam dahingleitenden Strom wurde, haben wir zunächst die Brachsenregion. Darauf folgt die Kaulbarsch-Flunder-Region, die bereits von den Gezeiten beeinflußt wird und deshalb auch einen entsprechenden Salzgehalt aufweisen kann.
Neben den namengebenden Hauptarten finden sich überall Begleitarten, die durchaus in mehreren Fischregionen vorkommen können.

Der natürlich belassene Wiesenbach bietet zahllosen Lebewesen Lebensraum.

Stehende Gewässer

Im Vergleich zu der immer in Bewegung bleibenden Welt der Bäche wirken die Tümpel und Teiche, Weiher und Seen wie ruhende Pole in unserer Landschaft. Hier entdecken wir oft erst nach langem Suchen etwas Le-

Wo Gehölzwurzeln das Ufer befestigen, sind künstliche Verbaue überflüssig.

bendiges im Gewirr der Wasserpflanzen oder des Uferröhrichts. Stehende Gewässer werden nach ihrer Größe und Entstehungsart eingeteilt.
Die kleinen, oft nur wenige Zentimeter tiefen Pfützen, die nach einigen regenfreien Sonnentagen bereits austrocknen können, bezeichnen wir als Lachen. Dies können ebenso die flachen Steinbruchgewässer sein wie eine kurzlebige, wassergefüllte Wagenspur auf einem Waldweg. Trotzdem kann sich eine erstaunlich reichhaltige Tierwelt darin aufhalten. Oft kommt es sogar zur Fortpflanzung einzelner, spezialisierter Amphibienarten (siehe Kapitel „Bis zum letzten Tropfen").
Die flachen, oft pflanzenlosen Pfützen können sich schon bei kurzer Besonnung auf 25–30 Grad Celsius erwärmen und verlieren dabei fast vollständig ihren Sauerstoffanteil.
Größere, mehrere Quadratmeter umfassende, beständigere Gewässer, die aber auch regelmäßig austrocknen und häufig nur weniger als 50 cm tief sind, stufen wir als Tümpel ein. In ihnen spielt sich bereits im zeitigen Frühjahr noch während der Schneeschmelze ein geschäftiges Treiben ab, wobei die darin lebenden Tiere die wenigen Wochen bis zum Trockenfallen nutzen, um den Nachwuchs groß zu bekommen. Bereits wenige Sonnenstunden reichen aus, um die Wassertemperatur an der Oberfläche auf über 25 Grad Celsius ansteigen zu lassen. Solchen Extrembedingun-

Die Landwirtschaft hat vielerorts nur wenige Flachlandbäche so natürlich belassen.

gen sind nur wenige Lebewesen gewachsen – Fische fehlen hier in der Regel. Durch Wasservögel kann Fischlaich aber immer wieder eingeschleppt werden, so daß es wiederholt zur Neubesiedlung kommen kann.
Gerade in den Flußauen wird der natürliche Werdegang von solch kurzlebigen Kleingewässern wie den Tümpeln deutlich: Nach einem Hochwasser bleiben oft kleine flache Vertiefungen zurück, an denen die festigende Pflanzenschicht aufgerissen und das Erdreich ausgespült worden ist. Für einige Jahre stellen diese Tümpel neu zu besiedelnde Lebensräume dar, bevor sie wieder verlanden, weil aufgrund hohen Pflanzenwachstums die freie Wasserfläche einem verfilzten Dickicht weicht. Heute sind leider nur noch wenige Flüsse so ungebändigt, daß sie auf natürliche Weise ihre Umgebung immer wieder umgestalten. Auch durch die Ablagerung von Geschiebebänken aus Sand und Kies entstanden neben natürlich verlaufenden Flüssen oft kleine stehende Gewässer. In ihrem Erscheinungsbild sehr ähnlich sind die Sand- und Kiesgruben, in denen sich Wasser zu Lachen oder Tümpeln gesammelt hat. Dank des zunächst zerstörerischen Eingriffs des Menschen bieten sie Tieren und Pflanzen vergleichbare Bedingungen. Besonders die nur zentimetertiefen Lachen und pflanzenreichen Tümpel in der Nachbarschaft zu sonnenbeschienenen Sandhängen sind ideale Lebensräume aus Menschenhand. Die hier zu findende

Artenfülle verdeutlicht uns den enorm hohen Wert solcher Abgrabungen.
Neue Kleingewässer werden ohne Zutun des Menschen heute bei uns kaum noch entstehen. Bestehende Tümpel gehen durch den natürlichen Verlandungsprozeß verloren. Langfristig können diese wertvollen Lebensräume daher nur durch gestalterische Pflegemaßnahmen erhalten werden.
Tümpel können aber auch in einer Feuchtwiese entstehen, wenn sich hier in einer Bodensenke das Wasser sammelt und ein grundwasserbestimmtes Pflanzendikkicht bildet. Im Laufe einiger Jahre kann bei allmählicher Bodenverdichtung und -absenkung ein dauerhafter Weiher entstehen, dessen Größe sich nicht viel von der eines Tümpels unterscheiden muß. Meist ist der Weiher allerdings tiefer, etwa bis 150 cm,

Aufgrund der gewaltigen Schlammfracht, die der Fluß in seinem Unterlauf mit sich führt, bilden sich auf der letzten Strecke zum Meer breite, seichte Uferzonen aus (oben).

Wassergefüllte Wagenspuren sind – wenn auch nur für kurze Zeit – wertvolle Kleingewässer (rechts oben).

Tümpel inmitten landwirtschaftlich genutzter Wiesen haben vor allem mit Düngereintrag zu kämpfen (unten).

seltener bis 200 cm. Wichtige Merkmale eines Weihers sind zwei weitere Kriterien: Er hat keinen Zu- und Ablauf und ist natürlichen Ursprungs. Sein künstlich geschaffenes Gegenstück ist der Teich, seiner Nutzung nach meist ein Fischteich.
Die Ausdehnung und Tiefe eines Weihers ermöglicht eine ausge-

prägte Pflanzenwelt. Selbst die tiefsten Stellen werden aufgrund des mehr als reichlichen Lichtangebotes besiedelt. Trotz der im Sommer rasch ansteigenden Wassertemperatur ist sein Wasser meist sauerstoffreich, da die dichten untergetauchten Pflanzenbestände mehr Sauerstoff produzieren, als das Wasser zu binden vermag.
Viele Tiere nutzen die Beständigkeit und den Sauerstoffreichtum des Weihers. Selbst im Winter verlassen viele Tiere das Wasser nicht, sondern überwintern frostsicher im tiefgründigen Bodenschlamm.
Am Grund des Weihers sinkt die Wassertemperatur nie unter 4 Grad Celsius, was seine Ursache in den physikalischen Eigenschaften des Wassers hat: Bei 4 Grad Celsius erreicht es sein größtes Gewicht, so daß kälteres

Schattige Waldtümpel zeigen meist nur spärlichen Bewuchs.

Wasser leichter ist und sich oberflächennäher befindet.
Den größten Typ eines stehenden Gewässers stellt der See dar. Vereinfacht dargestellt hat ein See einen Zu- und einen Abfluß, ist tiefer als 2 m und deshalb in seiner Tiefzone pflanzenfrei. Ein See ist aufgrund seiner Größe nicht den rasanten Temperaturschwankungen ausgesetzt wie die kleineren Gewässertypen. Aufgrund des Zu- und Ablaufs können Fische auf ihren Laichwanderungen Seen durchkreuzen, so daß besonders die Fischfauna entsprechend gut ausgebildet ist und sich von den oft nur spärlichen Kleinfischbeständen der Kleingewässer erheblich unterscheidet.

In einem Weiher sind die einzelnen Pflanzenzonen oft deutlich voneinander abgegrenzt.

Aufgrund seiner Größe finden wir in einem See ein besonderes physikalisches Phänomen vor: Die Sonneneinstrahlung ist der Grund für eine Temperaturschichtung des Wassers, die im Laufe eines Jahres umgewälzt wird. Die oberste, im Sommer sich stark aufheizende Schicht, das Epilimnion, bleibt auch oberflächennah, weil warmes Wasser leichter als kaltes ist. Mangels ausreichenden Lichteinfalls und der dadurch nur geringen Aufwärmung bleibt das Tiefenwasser relativ kalt. Da hier Wasserpflanzen fehlen, wird das Tiefenwasser auch nicht mit Sauerstoff angereichert. Zwischen der Tiefenschicht, dem Hypolimnion, und dem Epilimnion liegt die sogenannte Sprungschicht, das Metalimnion, die vor allem im Sommer die beiden Temperaturschichtungen deutlich voneinander abgrenzt. (Wir kennen dieses Phänomen, wenn wir beim Schwimmen plötzlich regelrecht kalte Füße bekommen.)

Die Schichtung bleibt auch bei Wasserbewegungen durch Wind bestehen, denn die Sprungschicht verhindert das Absinken der warmen Wasserschicht in die kühle Tiefe, da die Wassermassen wie auf einer gleitenden Oberfläche abgeleitet werden.

Erst mit Ausbleiben ausreichender Sonneneinstrahlung verliert die Sprungschicht ihre trennende Wirkung, und die Windbewegungen durchmischen das Wasser bis in bodennahe Bereiche. Im Sommer kann deshalb das Tiefenwasser kälter sein als im Herbst.

Nützliche Tips für Tümpler

Vor Beginn unserer Tümpeltouren sollten wir uns darüber klar werden, daß jede unserer Expeditionen eine Störung der empfindlichen Lebensgemeinschaft eines Gewässers bedeutet. Die hier vorkommenden Tiere und Pflanzen sind viel mehr auf ihren eng begrenzten Lebensraum angewiesen als die Bewohner eines weitflächigen Lebensraumes wie beispielsweise dem Wald. Zudem bewegen wir uns oft auch auf Privatgelände, denn viele Kleingewässer sind künstlich angelegt worden, und der Besitzer sieht es gar nicht gern, wenn ungebetene Gäste möglicherweise über Zäune klettern, um auf seinem Grundstück den Tümpel zu untersuchen.

Befindet sich ein Gewässer auf einer Viehweide und wird als Tränke genutzt, gelten besondere Vorsichtsregeln. Landwirte sehen auf ihren Weiden nur sehr ungern Besucher, zumal sie auch viel Unruhe unter das Weidevieh bringen.

Um großen Ärger zu vermeiden, sollten wir uns deshalb vorab bei dem Besitzer einer Fläche ankündigen und unsere Interessen darstellen. Wenn wir so vorgehen, wird kaum jemand etwas dagegen haben, daß wir die Kleintierwelt „seines" Tümpels erkunden wollen.

In nahezu jedem Tümpel kommen Amphibien vor, oft sind große Laichplätze auch der Grund für eine besondere Schutzausweisung. Da nun aber alle einheimischen Amphibienarten, egal ob Salamander, Molch, Kröte oder Frosch, mittlerweile unter Schutz stehen, ist es durch die Naturschutzgesetze der Länder sogar verboten, solche bedrohten Tierarten an ihren Nist-, Brut-, Wohn- oder Zufluchtsstätten zu stören, und sei es „nur" durch Aufsuchen oder Fotografieren. Erst recht sind Beeinträchtigungen durch Fang oder Ausgraben untersagt. Strenggenommen dürfen wir die Lebensräume der Amphibien, die Gewässer, noch nicht einmal betreten, geschweige denn Tiere fangen oder gar mit nach Hause nehmen.

Sogar die im Klassenzimmer für Anschauungszwecke gehaltenen Grasfrosch-Quappen sind dementsprechend ein Verstoß gegen die Naturschutzgesetze. Selbst die häufigeren Arten dürfen mittlerweile nur mit einer Ausnahmegenehmigung gefangen und gehalten werden. Entsprechende Auskünfte erhält man von der zuständigen Naturschutz- oder Landschaftsbehörde. Auch die Naturschutzverbände können ernsthafte Interessenten beraten und unterstützen. Oft gibt es bei den Naturschutzverbänden auch Gruppen, die sich mit dem Schutz und der Erfassung interessanter Arten befassen. Einige Anschriften sind am Ende des Buches aufgeführt.

Für uns ist es deshalb wichtig zu wissen, daß es verboten ist, Tiere zu fangen und in einem Aquarium zu halten. Alle Tiere, die wir während unserer Wasserexpedition entdecken, müssen wir danach wieder in ihren Lebensraum entlassen, um Schaden zu vermeiden. Selbstverständlich gilt dies auch für alle anderen Wassertiere, z.B. Fische, Insekten, Muscheln oder Schnecken. Wir sollten auf jeden Fall mit gutem Beispiel vorangehen, auch wenn es unter den Fingernägeln kribbelt, die „Beute" mit nach Hause zu nehmen.

Verhaltensregeln an Gewässern

Es gibt nichts Schlimmeres, als wenn aus übertriebener Neugier unnötige Schäden an Pflanzen und Tieren angerichtet werden. Deshalb müssen wir einige Verhaltensregeln beachten, die der wirklich Naturinteressierte auch einhalten wird.
Ruhe und Besonnenheit sind besonders wichtig, da gerade an Gewässern viele Tiere bei Störungen sofort flüchten. Wir sollten deshalb zunächst nur vom Ufer aus beobachten, was sich am Rande, auf der Wasseroberfläche oder unter Wasser abspielt. Viele Arten sind so gut getarnt, daß wir sie erst nach längerem Hinsehen entdecken
Niemals ein Gewässer mit dichtem Pflanzenwuchs betreten und dabei die Pflanzenwelt schädigen! Röhrichtzonen werden sehr leicht zertreten, so daß man Trampelpfade noch Wochen später sieht. Nur an offenen, gut einsehbaren Bereichen ohne Pflanzen den Tümpel betreten, vorsichtig umherwaten und so wenig wie möglich Schlamm aufwirbeln.
Viele Tiere lassen sich vom Ufer aus mit einem kleinen Fernglas weitaus besser beobachten, als wenn man mitten im Tümpel sitzt und alles durcheinanderbringt. Besonders Libellen flüchten bei Annäherung sofort, und auch viele Amphibien- und Vogelarten verschwinden in unerreichbare Entfernungen.
Nach der Gewässeruntersuchung müssen wir alle Tiere wieder am Fangort aussetzen. Besonders Bachlebewesen reagieren oft sehr empfindlich auf eine Umsetzung. Wenn diese Verhaltensregeln beachtet werden, geben wir kaum Anlaß für Beschwerden, so daß wir beim Besitzer des Tümpels in guter Erinnerung bleiben und hoffentlich wiederkommen dürfen.

Die Ausrüstung für Tümpler

* ein langstieliger, kräftiger Kescher, wenn möglich mit einem grobmaschigen, flachen Netz
* ein kleinerer Handkescher für kurze Fangzüge, z. B. ein Aquariennetz
* ein kleines Plastikaquarium für Beobachtungen „unter Wasser“
* mehrere Schraubdeckelgläser, z. B. Marmeladegläser, in denen wir räuberische Tiere getrennt aufbewahren können. Vorsicht: Wenn alle Tümpelbewohner zusammengesetzt werden, gibt es mit Sicherheit Tote!
* eine Handlupe mit acht- bis zehnfacher Vergrößerung
* ein Notizheft DIN A 5 zum Festhalten unserer Beobachtungen, mit angebundenem Bleistift und Radiergummi
* einen großen wasserdichten Plastikbeutel mit Reißverschluß zur Aufbewahrung der Materialien
* Bestimmungsbücher für Wassertiere und Pflanzen
* für Bachuntersuchungen eine Pinzette und einen feinen Haarpinsel zum Abnehmen empfindlicher kleiner Wassertiere
* ein leichtes Fernglas zur Beobachtung jagender Libellen und Röhrichtbewohner, Vergrößerung acht- bis zehnfach
* Spiegelreflexkamera mit Makro-Teleobjektiv 100-150 mm zur Fotojagd auch auf scheuere Tiere

Gummistiefel sind stets bei Tümpelexpeditionen anzuraten.

Die Männchen des Kammmolches (oben), unserer größten Molchart, zeigen nur im Frühjahr ihren hohen gezackten Rückenkamm.

Der nachtaktive Europäische Flußkrebs (Mitte) ist aufgrund der Krebspest und zunehmender Verschmutzung der Fließgewässer nahezu ausgerottet.

Die ungiftige Ringelnatter ist eindeutig an ihren hellen Krönchen am Hinterkopf zu erkennen. Die scheuen Tiere flüchten bei Störungen sofort in das Wasser.

Fast ausgerottet wurde der nur noch an wenigen naturbelassenen Flußabschnitten vorkommende Fischotter (oben); der Biber (Mitte) verdankt seine heutigen Bestände nur den Wiedereinbürgerungsaktionen der letzten Jahrzehnte.

Das Hauptverbreitungsgebiet der urzeitlich anmutenden Europäischen Sumpfschildkröte (unten) liegt im Süden Europas.

Während der Kormoran (oben) auch an Seen und Flüssen im Binnenland brütet, legt der Flußregenpfeifer (Mitte) seine gut getarnten Gelege auf kahle Kies- und Schotterflächen. Der Kiebitz (unten) wurde als Bewohner der Feuchtwiesen vielerorts zurückgedrängt.

Der imposante Weißstorch (oben) findet nur in großen Feuchtwiesen noch ausreichend Nahrung. Größere mit Pflanzen bestandene Gewässer besiedeln der Haubentaucher (Mitte) und die Reiherente (unten links); der Mittelsäger (unten rechts) kommt bis auf wenige Ausnahmen im Küstenbereich vor.

Frühling

Kein Leben ohne sauberes Wasser

Bevorzugter Lebensraum des landlebenden Feuersalamanders sind artenreiche Laubwälder, in denen er auch weitab vom Wasser seine unterirdischen Versteckplätze bezieht: Unter Baumstubben und Brettern, in alten Mäusebauten oder Erdspalten hält er sich tagsüber auf. Besonders im Bergland ist er noch weit verbreitet, benötigt aber unbedingt sauberes, kühles Bachwasser für seine Nachkommen. Von April bis Juni setzen die Weibchen nach ausgiebiger Begutachtung der Geburtsstätte zwischen 10 und 50 Larven in flachen Bachabschnitten ab. Die Neugeborenen sind bereits sehr weit entwickelt: Sie haben wohlausgebildete Vorder- und Hinterbeine, atmen allerdings noch durch äußere Kiemen, die hinter ihrem Kopf beiderseits in je drei Büscheln sitzen. Sie sind deshalb ausschließlich auf frisches, sauerstoffhaltiges Wasser angewiesen.

Während die Larven den Grund wenig durchflossener Bachkolke nach Würmern, Kleinkrebsen und Insektenlarven absuchen, ernähren sich die erwachsenen Feuersalamander vorwiegend von allerlei Kerbtieren, Würmern und Schnecken des Waldbodens, die sie auf ihren nächtlichen Ausflügen aufstöbern. Besonders in warmen, regnerischen Sommernächten können wir Feuersalamander in allen Größen auf Waldwegen und kleinen Waldstraßen antreffen, wo sie das reichhaltige Nahrungsangebot und die Wärme des Asphaltes ausnutzen. Leider kommen auf dieser „Wärmebank" viele Tiere zu Tode, da sie die Autos nicht als Gefahrenquelle erkennen und plattgewalzt werden.

Der Feuersalamander kann uns aufgrund seiner hohen Ansprüche an seine Lebensräume Aussagen über deren Qualität geben. Das zunehmende Verschwinden dieser Lurchart in den letzten Jahren ist durchweg auf den sich ständig verschlechternden Zustand seiner Lebensräume zurückzuführen.

Naturnahe, saubere Mittelgebirgsbäche bevorzugt der Feuersalamander als Laichplätze (links).

Der Feuersalamander kommt bei uns in einer gefleckten und einer gebänderten Unterart vor; hier ein sehr stark gezeichnetes Exemplar des gefleckten Feuersalamanders (rechts oben).

Die Larven des Feuersalamanders sind an den hellen Beinansätzen zu erkennen (rechts unten).

Vom Laich zum Frosch

Zu den eindrucksvollsten Erlebnissen an einem Tümpel gehört die Laichzeit der Frösche und Kröten. Im zeitigen Frühjahr gegen Anfang bis Mitte März sammeln sich nach ihrer gefahrvollen Wanderung zu den Laichgewässern Hunderte von laichbereiten Grasfröschen und Erdkröten an ihrem heimatlichen Tümpel.
Die eifrigen, oft schon verpaart am Gewässer eintreffenden Frosch- und Krötenmännchen lassen sich von den meist wesentlich größeren Weibchen huckepack tragen. Haben sie erst einmal ihre Auserwählte umschlungen, verteidigen sie diese mit kräftigen Fußtritten gegen Konkurrenten. So kommen nur die Stärksten zur Fortpflanzung. Die

Bereits im zeitigen Frühjahr beginnt die Paarungszeit der Grasfrösche (links oben).

Jedes Grasfrosch-Weibchen legt pro Jahr einen Laichballen ab (links Mitte).

Erst kurz vor dem Verlassen des Wassers ähnelt die Kaulquappe dem jungen Frosch (links unten).

Erdkröten laichen in großen Gesellschaften ab (oben).

Der Laich der Kröten wird als langgestreckte Gallertschnur abgesetzt (rechts).

abgewiesenen, oft noch jungen Männchen warten auf ihr Glück und harren tagelang am Tümpel aus. Der Paarungsdrang ist so groß, daß nicht selten ein stark

Die Männchen des Teichmolches bilden während der Laichzeit einen hohen Hautkamm aus (S. 32 oben).

Das Teichmolch-Weibchen klebt seinen Laich einzeln an Wasserpflanzenblätter (S. 32 unten links).

Durch die Gallerthülle erkennt man den Molchembryo (S. 32 unten rechts).

Bis zum Ende behalten Molchlarven ihre buschigen Außenkiemen (oben).

umworbenes Weibchen auf der Strecke bleibt: Unter einer Traube von bis zu zehn übereifrigen Freiern kann es durchaus erdrückt oder ertränkt werden.
Der faustgroße Laichballen mit über tausend Einzeleiern wird vom Grasfrosch-Männchen beim Austritt aus der Kloake des Weibchens befruchtet und quillt bis auf Kokosnußgröße auf. Aus den zunächst formlosen Zellhaufen entwickeln sich Kaulquappen, die anfangs noch mit äußeren Kiemenbüscheln atmen und sich noch nicht fortbewegen können. Sie sinken zu Boden und entwikkeln sich zu aktiven Kaulquappen, die durch innere Kiemen atmen. Während ihrer drei- bis viermonatigen Entwicklung weiden sie mit ihrem raspelartigen Maul Algen ab und wachsen allmählich zu einem froschähnlichen Wesen heran: Zunächst werden die Hinterbeine ausgebildet und erst kurz vor dem Verlassen des Wassers die Vorderbeine. Inzwischen haben sie sich auf Lungenatmung umgestellt. Ab Juni kommt es manchmal zu einem regelrechten „Froschregen“, wenn Tausende der zentimeterkleinen Jungfröschchen den Tümpel verlassen.
Der Laich von Kröten wird immer in meterlangen Schnüren um die Stengel von Wasserpflanzen und um Äste geschlungen. Die Entwicklung läuft ansonsten

gleich ab wie bei den Grasfröschen.
Die Fortpflanzung der Schwanzlurche, also der Salamander und Molche weicht in vielen Bereichen von der Froschentwicklung ab: Nach intensivem Werben um die Weibchen befruchten die Männchen die Eier im voraus, indem sie einen kegelförmigen Samenträger, die sogenannte Spermatophore, absetzen, den die Molchweibchen mit ihrer Kloake aufnehmen, so daß die Eier in ihrem Körper befruchtet werden. Danach haben die Männchen ihre Pflicht getan, und die Molchweibchen heften bis über 100 Eier einzeln an Wasserpflanzenblätter, die dann schützend um die kleinen, klebrigen Laichkörner gefaltet werden. Dank dieses Schutzes müssen Molche weitaus weniger Laich produzieren als Grasfrosch oder Erdkröte.
Die heranwachsenden Molchlarven ernähren sich im Gegensatz zu den vegetarisch lebenden Kaulquappen von Kleinkrebsen und Würmern, die sie geschickt erjagen. Bei jungen Molchlarven entwickeln sich zunächst die Vorderbeine, erst später durchbrechen die Hinterbeine die Hauttaschen. Etwa im Juli verlassen sie als Jungmolche das Gewässer.

Insekten wandeln auf dem Wasser

Während unserer Naturspaziergänge am Wasser begegnen wir im zeitigen Frühjahr oft einer merkwürdigen Sippschaft, die uns scheinbar schwerelos ein kleines Naturwunder vorführt: Nur 2 cm große Insekten flitzen auf der Wasseroberfläche von Tümpeln, Teichen und ruhigen Bachkolken umher, als ob es ein fester Untergrund wäre. Um uns noch mehr zu beeindrucken, springen sie vor unserer Nase aus dem Stand eine Handbreit über das Wasser und prallen zurück – ohne jedoch auch nur einen Millimeter einzutauchen. Die Lösung des Rätsels ist erstaunlich, aber nicht unverständlich: Die Wasserläufer berühren nur mit der Spitze ihrer sechs langen Beine die Wasseroberfläche. Statt auf krallenbewehrten Insektenfüßen wandeln sie auf einer Vielzahl feinster Härchen, die zudem noch kräftig eingefettet sind. Hunderte dieser Härchen verleihen den Wasserläufern die Fähigkeit, auf dem Wasser zu schreiten, zu rudern oder sogar zu springen. Dank der Oberflächenspannung des Wassers können die einzelnen Wasserteilchen die eingefetteten Härchen nicht benetzen, so daß das Tier nicht einsinkt.
Pausenlos sind Wasserläufer auf der Suche nach Beute und registrieren selbst kleinste Bewegungen mit ihren feinen Sinneshärchen an den Beinen. Dann spurten sie sofort in langen Sätzen los und prügeln sich mit Artgenossen um die Beute. Bei diesen wüsten Raufereien geht es Schlag auf Schlag, Tiere springen in die Luft und stürzen zu Boden – pardon, zu Wasser –, liegen auf dem Rücken und flitzen im nächsten Moment in Sicherheit. Es ist ein-

Der Teichläufer wird oft übersehen, da er durch seine zarte Gestalt und seine versteckte Lebensweise gut getarnt ist (oben).

Die Wasserläufer fallen durch ihr hektisches Wesen auf (unten).

fach unglaublich, wie leichtfüßig sie sich hier konkurrenzlos bewegen können.
Sobald jedoch eine Windböe, eine Welle oder Regentropfen die Wasseroberfläche kräuseln, rettet sich die ganze Bande ans sichere Ufer.
Neben den kräftigen, bis zu 2 cm großen Wasserläufern der Gattung *Gerris* führen noch zwei andere Vertreter der Wanzen eine ähnliche Lebensweise: Meist im Schutz von Wasserpflanzen oder in Ufernähe hält sich eine sehr merkwürdige Gestalt, der bis zu 12 mm lange Teichläufer *Hydrometra* auf, der einen fast nadelschlanken Körper besitzt. Er stelzt ungelenk umher und wird selbst von leichten Winden über das Wasser geweht. Wesentlich kräftiger, ebenfalls aber nur knapp 1 cm groß ist der Bachläufer *Velia*, der an seinen rotschwarz gefleckten Flügeldecken leicht zu erkennen ist. Er ist fast ausschließlich am Ufer langsam fließender Bachabschnitte zu finden. Eine Besonderheit ist seine erstaunliche Kälteunempfindlichkeit. Selbst bei –10 Grad Celsius flitzt er noch auf den eisfreien Wasserflächen der Quellen und Quellbäche umher und jagt die wenigen dort lebenden Insekten.
In der Nachbarschaft des Bachläufers können wir an ruhigen Bachabschnitten den Bach- und an pflanzenarmen Tümpeln den Gemeinen Taumelkäfer beobachten. Wie kleine silbrige Perlen sausen die Käfer oft in großen Gruppen in gleichmäßigen Kreisbahnen über das Wasser. Bis zu

Ruhige Bachabschnitte besiedelt der Bachläufer.

24 cm pro Sekunde können die ruhelosen, stromlinienförmigen Flitzer erreichen. Das mittlere und das hintere Beinpaar sind zu kräftigen, breiten behaarten Rudern umgewandelt, die bis zu 50 Mal pro Sekunde schlagen. Mit diesen „Außenbordmotoren“ kann ihnen kaum eine Beute entkommen, die sie anhand der ausgesandten Wellen mit ihren empfindlichen, stummelförmigen Fühlern orten und blitzschnell mit den Vorderbeinen ergreifen.
Ungewöhnlich ist auch ihre Sehweise: Sowohl unter als auch über der Wasseroberfläche können sie ausgezeichnet sehen, da jedes ihrer Augen so geteilt ist, daß sie gleichzeitig beide Umgebungen überwachen können. Bei Störungen tauchen sie ins Wasser und nchmen dabei eine Luftblase am Hinterleib zur Luftversorgung mit hinab. Besonders im Spätsommer finden wir sie in großen Scharen versammelt, bevor sie sich im Herbst zur Überwinterung in den Schlamm eingraben.
Sowohl Taumelkäfer als auch Wasserläufer zeigen uns mit ihrer Anpassung an den Lebensraum der Wasseroberfläche, wie stark Tierarten sich auf eine eng begrenzte Umgebung spezialisieren können. Hier, in der Kontaktzone von Luft und Wasser, sind Taumelkäfer ebenso wie die Wasserläufer allen anderen Verwandten bei weitem überlegen. Eine solche „Planstelle“ in einem Lebensraum, in die sich eine Tierart derart einfügt, nennen wir eine ökologische Nische.

Taumelkäfer sehen wir meist nur als silbrig glänzende Punkte auf der Wasseroberfläche umherflitzen.

Lebenswichtige Überschwemmungen

Die unzugänglichen Auwälder der Niederungsflüsse könnte man als die letzten Urwälder Europas bezeichnen. Ehemals haben sie sich über Hunderte von Quadratkilometern entlang der Flußläufe erstreckt und bildeten für eine Vielzahl mittlerweile seltener Tier- und Pflanzenarten einen sicheren Lebensraum. Heute jedoch gibt es kaum noch größere zusammenhängende Auwälder. Einer der letzten Auwälder in Deutschland, der Taubergießen, flankiert nordwestlich von Freiburg den Rhein entlang der deutsch-französischen Grenze.

Die jahreszeitlich bedingten Veränderungen sind in einem Auwald wie in kaum einem anderen Ökosystem spürbar. Der scheinbaren Stille des Winters folgen die Frühjahrsüberschwemmungen, die oft wochenlang den Auwaldboden mannshoch überfluten. Schneeschmelze und Frühjahrsregen sorgen ebenso wie die Herbstniederschläge für das überlebenswichtige Hochwasser. Die mitgeführten Schwebstoffe lagern sich zwischen dem Geflecht der Wurzeln und den allmählich verrottenden Gehölzen ab.

Mit dem Rückgang des Hochwassers verbleiben Tausende kleiner offener Wasserflächen, sogenannte Blänken, in denen sich besonders schnellebige Insekten vermehren können. Größere Tümpel sind begehrte Amphibienlaichgewässer, in denen

Das Pflanzendickicht eines Auwaldes zählt zu unseren wohl schönsten und urtümlichsten Lebensräumen (links).

Die Raupe des Kleinen Schillerfalters ist hervorragend getarnt (rechts).

Einer der erfolgreichsten Neubesiedler ist das überaus vermehrungsfreudige Indische Springkraut (unten).

Gras-, Spring- und Laubfrosch gern ablaichen. Wie Amphibien haben auch Auwälder sozusagen zwei Leben: Den regelmäßigen Überflutungen folgen Trockenphasen von einigen Monaten, in denen der mitgeführte nährstoffreiche Schlamm von der Pflanzenwelt umgesetzt wird. Doch nur wer nasse Füße erträgt, kann hier überleben. Erlen, Weiden und Pappeln überdauern die Hochwässer durch spezielle Anpassungen ihres Wurzelwerkes an den hohen Wasserstand.
Diese natürliche Auslese ist ein entscheidender Faktor für die Zusammensetzung der Pflanzenarten, die das typische Bild eines Auwaldes ausmachen. Das undurchdringliche, verfilzte Unterholz auf dem sumpfigen, tiefgründigen Boden erschwert uns das Eindringen in das grüne Dickicht – ein natürlicher Schutz, der den Auwäldern jahrhundertelang ein abgeschiedenes Dasein ermöglicht hat.
Wie es sich für einen richtigen Urwald gehört, finden wir in den Auwäldern auch viele Lianen: Fast bis in die Wipfel streben Waldrebe und Efeu; nur geringe Höhe erklimmen der Bittersüße Nachtschatten und die Europäische Seide. Sie beranken oft die ausgeprägte Strauchschicht aus Schneeball, Heckenkirsche, Pfaffenhütchen, Weißdorn und Hartriegel.

1
9
2
4
3

Auwald. 1 Laubfrosch, **2** Schwarz-Erle, **3** Bittersüßer Nachtschatten, **4** Sumpfdotterblume, **5** Großer Eisvogel, **6** Kleiner Schillerfalter und Raupe, **7** Korb-Weide, **8** Pirol, **9** Schwarz-Pappel.

Der Springfrosch besiedelt den Boden feuchter Laubwälder.

Im lichten Frühjahrsauwald stolpern wir immer wieder über die weißen Teppiche des Bitteren Schaumkrautes. Gerade solche Frühblüher werden von zahllosen Insekten gierig aufgesucht, die nach dem langen Winter auf ergiebige Nektarquellen angewiesen sind. Die glänzenden gelbblühenden Polster der Sumpfdotterblumen werden ebensogern von den Nektarhungrigen besucht wie die etwas später erscheinenden Wasserschwertlilien, deren Bestände in sonnendurchfluteten Schneisen schon von weitem leuchten.

Im Sommer kommt der Auwald nie zur Ruhe: Das Summen der Heere von Mücken zeigt uns den Nahrungsreichtum an, der von Insektenjägern wie den Laubfröschen ausgeschöpft wird. Die nächtlichen Konzerte der kleinen lackgrünen Baum- und Strauchbewohner schallen weit durch den Wald. Das durch seine riesige Schallblase verstärkte Keckern soll die Nachbarn lautstark aufmerksam machen und die Weibchen anlocken. Die abwechslungsreichen, lichten Auwälder bieten auch dem Springfrosch, dem sprunggewaltigsten unter den einheimischen Froschlurchen, idealen Lebensraum. Im Licht- und Schattenspiel des Bodens macht ihn seine perfekte Tarnung fast unsichtbar.

Unvergeßlich bleibt auch die helle, flötende Stimme des Pirols, der sich meist gut versteckt aus der Tiefe des feuchten Waldes bemerkbar macht. Der leuchtend gelbe Bursche baut seine Nester

Zeitig im Frühjahr blühen an feuchten Standorten die auffälligen Kerzen der Pestwurz.

weit oberhalb der hochwassergefährdeten Zone in das Geäst.
Ganz anders wohnt die Weidenmeise, die sich im weichen Holz der Auwaldgehölze ihre eigene Bruthöhle zimmert. Ihre schwarze Kappe und das helle, bräunliche Gefieder unterscheiden sie von unseren anderen, häufigeren Meisenarten.
In den Steilhängen weicher, lehmiger Flußufer brütet der Eisvogel. Hier findet er im Gegensatz zu den begradigten, „hochwassersicheren" Flußläufen noch ausreichend Brutstätten.
Sein Namensvetter, der Große Eisvogel, ist nicht etwa sein größerer Bruder, sondern mit 4 cm langen Vorderflügeln einer unserer größten Tagschmetterlinge, dessen Raupen ausschließlich die Blätter der Zitterpappel verzehren. Diese Vorliebe teilen sie mit den Raupen des Kleinen Schillerfalters, die außer an Pappelblättern auch am Weidengrün nagen. Aufgrund dieser Nahrungsspezialisierung sind beide Schmetterlingsarten durch die Zerstörung der Auwälder in ihrer Existenz stark gefährdet.
Einer der größten Bewohner des Feuchtwaldes ist mittlerweile aus der sumpfigen Wildnis fast verschwunden: Der Fischotter braucht riesige Reviere für seine ausgedehnten Wanderungen. Die Bejagung während des vergangenen Jahrhunderts hat ihn an den Rand der Ausrottung gebracht. Die Begradigung und Entwässerung der letzten großflächigen natürlichen Flußniederungen hat ihr übriges dazugetan.

Saubermänner mit dicken Wänden

Muscheln, die unermüdlichen Kleinklärwerke im Grund unserer stehenden und fließenden Gewässer, sind vielerorts selten geworden. Die Schilderungen riesiger Bestände aus Hunderttausenden großer Muscheln gehören schon lange der Vergangenheit an. Das Handwerk des Perlenfischers verschwand in Deutschland bereits im 18. Jahrhundert. Die kostbaren Perlen waren eine begehrte und heißumkämpfte Einnahmequelle. Kopfzerbrechen bereiten uns Muscheln beim Einordnen von „oben und unten", was bei ihnen nicht ganz einfach ist. Wir erhalten erst Klarheit, wenn der eigentümliche Fuß aus dem Gehäuse geschoben wird und die Muschel sich langsam in den Bodengrund gräbt.

Die Bedeutung der Großmuscheln als lebende Wasserfilter ist unbestritten, zumal mehrere Hundert Tiere auf wenigen Quadratmetern leben können. Eine einzige große Muschel kann innerhalb einer Stunde über 40 Liter Wasser filtern. Das sauerstoffreiche Atemwasser wird durch die „Mundöffnung" eingesogen, verwertbare Schwebstoffe werden herausgesiebt, und das sauerstoffarme Wasser durch die kleinere Austrittsöffnung wieder ausgeblasen. Dies kann man im Aquarium gut beobachten. Gleichzeitig werden aber auch die anderen – oft gefährlichen – Inhaltsstoffe aufgenommen und durchwandern den Verdauungstrakt der Muschel. Die natürliche Filtertätigkeit dient der Muschel zu ihrem Nahrungserwerb, bedeutet aber gleichzeitig mit zunehmender Wasserverschmutzung ihr vorzeitiges Ende, da sie nicht zwischen nahrhaften und schädlichen Inhaltsstoffen zu unterscheiden vermag. Muscheln können bis zu 100 Jahre alt werden. Der dicke Kalkpanzer nützt ihnen gegen Umweltgifte nichts, an den Kalkschalen alter Tiere können wir die Spuren der Zersetzung sehr gut erkennen.

Frei nach dem Sprichwort „Liebe geht durch den Magen" erfolgt die Fortpflanzung unserer Süßwassermuscheln. Ei- und Samenzellen werden in das Wasser abgegeben. Wegen der hohen Verluste produziert jedes Tier zwischen 200 000 und 1 Million dieser Zellen. Mit dem Atemwasser gelangen die Geschlechtszellen zu den Kiemen, und erst hier findet die Befruchtung statt. In speziellen Bruträumen entwickeln sich aus befruchteten Eiern die Larven, die erst nach einiger Zeit in das Wasser ausgestoßen werden. Die Flußmuschel-Larven benötigen zu ihrer Entwicklung Bachforellen oder andere Kleinfische, an deren Kiemen sie sich festheften. Die Larve wächst in das Kiemengewebe ein und wird hier mit Blut versorgt, das ihr als Nahrung dient. Die Schmarotzer dürfen ihren Wirt jedoch nur so weit in Anspruch nehmen, daß er keinen Schaden erleidet. Bei starkem Muschellarven-Befall (bis zu 20 000 Larven können auf einer einzigen Forelle schmarotzen) beschleunigt der betroffene Fisch seine Atemfrequenz, um den Verlust auszugleichen.

Die Malermuscheln zählen zu unseren häufigsten Muscheln (oben).

Die Filtriertätigkeit der Teichmuschel läßt sich im Aquarium gut beobachten: Rechts erkennbar ist die breite Einströmöffnung, links der kleinere Ausstoßkanal (unten).

Am seichten Gewässerboden erkennen wir die wandernde Flußperlmuschel in ihrem Graben (links).

Die Malermuschel wird vom Bitterlings-Weibchen (mit Legeröhre) als Kinderstube genutzt (rechts).

Nach ihrer „blutrünstigen" Zwischenphase verlassen die mittlerweile auf das Zehnfache ihrer vorherigen Größe herangewachsenen Jungmuscheln ihren Wirt, können sich aber erst im Alter von 20 Jahren fortpflanzen.
Das zunehmend mit Schadstoffen belastete Wasser hat einigen Muschelarten erheblich zugesetzt, so daß ein Großteil der Bestände erhebliche Einbußen zu verzeichnen hat. Am stärksten betroffen ist die Flußperlmuschel, die nur noch in wenigen Bächen, vor allem in den Mittelgebirgen, vorkommt. Die Verunreinigungen der Gewässer haben ihr so weit zugesetzt, daß es im Fichtelgebirge beispielsweise nur noch einen einzigen Bach gibt, in dem sich die Muschelbestände weiterhin verjüngen und weniger als zehn Jahre alte Tiere anzutreffen sind. Von dem um die Jahrhundertwende auf etwa 700 000 Tiere geschätzten Flußperlmuschel-Bestand des Fichtelgebirges gab es 1977 nur noch knapp 20 000 Tiere in sieben Bächen.
Der Bitterling, ein unscheinbarer Kleinfisch stehender Gewässer, nutzt seinerseits die Muscheln als Kinderstube. Dieser nur maximal 9 cm große Karpfenfisch hat eine ungewöhnliche Brutfürsorge entwickelt, bei der Großmuscheln, wie Maler- oder Teichmuschel, eine wichtige Aufgabe übernehmen. Nur bei ihrer Anwesenheit kommt es zur Fortpflanzung des

Die winzigen Kugelmuscheln besiedeln mit ihren Füßchen den Gewässerboden (oben).

Merkwürdige Winzlinge sind die Muschellarven, die sich im Kiemenraum von Fischen entwickeln (unten).

Bitterlings. Außerhalb der Vermehrungszeit sind diese Kleinfische sehr unscheinbar graugrün gefärbt, im zeitigen Frühjahr jedoch legen die Männchen ein prächtiges Hochzeitskleid an. Nach intensivem Werben lockt das Bitterlings-Männchen seine Außerwählte zu einer Muschel. Das Weibchen setzt mit ihrer mehr als körperlangen Legeröhre um die 40 Eier durch die Ausatmungsöffnung in die Muschel ab. Sofort danach bringt das Männchen seine Samenzellen gezielt vor die Einatmungsöffnung der Muschel, mit deren Atemwasserstrom sie zu den Eizellen gelangen und diese befruchten. Im Kiemenraum können sich die heranwachsenden Fischlarven sicher fühlen; in ihrer Kinderstube werden sie sogar mit Sauerstoff versorgt. Mit drei bis fünf Wochen verlassen sie ihre Muschel-Wiege.
Nur selten finden wir im Tierreich eine so intensive gegenseitige Abhängigkeit unterschiedlicher Tiergruppen wie bei Fischen und Muscheln. Fällt eine von beiden Gruppen aus, kann es sogar zum lokalen Aussterben der anderen Art kommen.
Kaum jemand ahnt etwas von unseren häufigsten Muscheln, den kaum einen Zentimeter messenden Kugelmuscheln. Im Bodenschlamm stehender und fließender Gewässer leben diese Winzlinge, die im Gegensatz zu ihren großen Verwandten lebendgebärend sind und deshalb nur wenige Nachkommen pro Tier produzieren.

Eine Taucherglocke für jede Lebenslage

Spinnen gehören zu unserem Alltag wie kaum ein anderes Tier. Oft leben sie unbemerkt in direkter Nachbarschaft zum Menschen in unseren eigenen vier Wänden.
Fast unbekannt sind jedoch die faszinierenden Wasserspinnen, von denen die Art *Argyroneta aquatica* perfekt an das Leben im Wasser angepaßt ist. Nahezu ihr gesamtes Leben spielt sich unter der Wasseroberfläche von Moorweihern, Gräben und Teichen ab, obwohl ihre Vorfahren ursprünglich Landtiere waren. Auch die Wasserspinne braucht zum Überleben Sauerstoff. Der im Wasser enthaltene Sauerstoff ist allerdings für ihr Atmungssystem – die Tracheen – unerreichbar. Sie hat deshalb die folgende Atemtechnik entwickelt: Ihr Hinterleib ist von feinsten Härchen umgeben, die zusammen einen Lufttank bilden und es ihr ermöglichen, ihren eigenen Sauerstoffvorrat als silbrig schimmerndes Luftpolster mit in die Tiefe zu nehmen. Um nicht jedesmal zum Nachtanken an die Wasseroberfläche aufsteigen zu müssen, wendet die Wasserspinne eine raffinierte Überlebensstrategie an: Sie legt an geschützten Stellen zwischen Wasserpflanzen mit Hilfe eines selbstgesponnenen Netzes eine „Taucherglocke" an, die sie aus ihrem transportablen Tank mit Luft füllt. Den Aufstieg zur

Eine Wasserspinne schlüpft aus ihrer Taucherglocke. Ihr Hinterleib ist von einem Luftpolster umgeben (oben).

In speziellen Nahrungsglocken verzehrt die Wasserspinne ihre Beute.

Wasseroberfläche sichert sie mit einem Faden, an dem sie nach dem Luftholen auf direktem Weg ohne lange Sucherei wieder in ihre Glocke zurückflitzen kann. Diese wichtige und nützliche Verhaltensweise verhindert auch, daß die Spinne wie ein Luftballon zur Oberfläche schnellt.
Nach einigen Luftfüllungen ist die zwei Zentimeter durchmessende, von unten zugängliche Glocke fertiggestellt und bietet dem Tier für mehrere Monate ausreichend Sauerstoff. Eine physikalische Gesetzmäßigkeit hilft der Wasserspinne bei ihrer Sauerstoffversorgung: Gase haben das Bestreben, sich überall gleichmäßig auszubreiten. Wenn die Sauerstoffkonzentration im Wasser größer wird als unter der Taucherglocke, strömt deshalb Sauerstoff von selbst in die Glocke nach. Gleichzeitig wird das von der Wasserspinne ausgeatmete Kohlendioxid an das Wasser abgegeben.
Ähnliche Glocken legt die Wasserspinne für unterschiedliche Zwecke an: Ernährungs-, Häutungs-, Überwinterungs- und Fortpflanzungsglocken sorgen in jeder Lebenslage für den notwendigen Sauerstoffvorrat. Überlebenswichtig sind besonders die Ernährungsglocken, die nach erfolgreicher Jagd aufgesucht werden, da die Spinne unter Wasser ihre Verdauungssäfte nicht in die Beute einspritzen und anschließend aussaugen kann. Selbst frischgeschlüpfte Wasserspinnen müssen deshalb sofort in der Lage sein, sich ihre eigene Ernährungsglocke anzulegen.
Weitaus weniger angepaßt an das Leben im Wasser ist die Jagdspinne *Dolomedes.* Sie bewohnt ähnliche Lebensräume wie die Wasserspinne, besiedelt aber auch Feuchtwiesen. Die bis zu 22 mm langen Weibchen gehören zu den

Die Gerandete Jagdspinne lauert vor allem im Uferbereich ihrer Beute auf, kann aber auch problemlos auf der Wasseroberfläche jagen.

imposantesten einheimischen Spinnen und jagen erstaunlich große Beutetiere. Meist ergreifen sie Kaulquappen, Insekten und sogar kleine Fische durch die Wasseroberfläche hindurch und töten sie mit ihrem Gift innerhalb weniger Sekunden. Größere Beute ziehen sie an Land und saugen sie dort aus.
Die Weibchen der weiß- bis gelbgestreiften Jagdspinne „stricken" nach der Paarung einen 1 cm großen Kokon, in dem sie unter dem Bauch mehrere hundert Eier bis zum Schlupf der Jungspinnen umhertragen und ihre Nachkommen so wirksam vor den zahlreichen Feinden schützen.

Sommer

Exoten am Gartenteich

Auf unseren naturkundlichen Wanderungen werden wir im späten Frühjahr oft merkwürdige ausgetrocknete Hüllen an den Halmen der Uferpflanzen von Tümpeln und Teichen entdecken. Auf den ersten Blick haben sie keine Ähnlichkeit mit irgendeinem bekannten Tier des Gewässers. Um dem Rätsel auf die Spur zu kommen, müssen wir uns schon früh am Morgen an einem schönen, windstillen Tag auf die Pirsch begeben. Wenn wir uns einen Platz am Ufer suchen und dort ruhig niederlassen, können wir schon nach wenigen Minuten Glück haben: Ein kleines, nur wenige Zentimeter großes Tier erklimmt langsam den senkrechten, aus dem Wasser ragenden Halm. Unschlüssig suchend krabbelt es an der Pflanze empor und verharrt etwa 20 cm über der Wasseroberfläche. Nach einigen Überlegungen erkennen wir nun die wie erstarrt sitzende Libellenlarve, deren Chitinhaut allmählich trocknet. Plötzlich reißt die Haut auf, und mühselig zwängt und zerrt sich etwas völlig anderes heraus. Zunächst kommt der Rücken hervor, dann der Kopf, die Beine, und zum Schluß steckt nur noch der Hinterleib in der fast verlassenen Haut. Nach einigen Minuten Ruhe schnellt das Tier den herabhängenden Körper herauf und krallt sich mit den weichen, gelblich durchscheinenden Beinen an den Halm. Mit kräftigen, pumpenden Bewegungen

Die Larve der Plattbauch-Libelle besitzt wie alle Großlibellen-Larven gewaltige Freßwerkzeuge (links).

Paarungsrad der Gemeinen Binsenjungfer (rechts).

Regelrechte Eiablagegesellschaften bilden die Großen Binsenjungfern, hier an einem Weidenast (unten).

wird auch der lange Hinterleib aus der Hülle gezerrt. Wenn die Flügel allmählich gestreckt sind, wissen wir endlich, was das Wasser nun für immer verlassen hat: Eine frischgeschlüpfte Libelle hat ihr oft mehrere Jahre dauerndes Unterwasserdasein als kaulquappenfressende Larve beendet und erobert nun für wenige Wochen die Lüfte.
Neben der Jagd auf kleine Insekten gibt es nur eines im Leben einer Libelle: sich fortzupflanzen und die Eier an einer sicheren Stelle abzulegen. Je nach Art haben Libellen die merkwürdigsten Eiablagetechniken entwickelt: Die Mosaikjungfer legt ihre Eier einzeln in den feuchten Bodengrund oder ins Moos, Heidelibellenpaare werfen sie als Tandem über der Wasseroberfläche ab, Weidenjungfern stechen sie in die Rinde von Weiden am Ufersaum eines Tümpels, und Prachtlibellen tauchen oft tief ins Wasser, um dort in Pflanzenstengel ihre Eier einzustechen.
All diese Verhaltensweisen können wir mit etwas Geduld und Glück an unseren Gewässern beobachten, wobei einige Libellenarten zu den häufigsten Bewohnern der Tümpel und Teiche zählen. Wer einen Gartenteich hat, wird sich wundern, wie schnell Insekten, zu denen auch die Libellen gehören, sich an einem noch frisch angelegten Tümpel einfinden. Besonders die Blau-

grüne Mosaikjungfer, mit unsere größte einheimische Libellenart, besiedelt neuangelegte Gartenteiche enorm schnell. Der Grund dafür liegt in der Lebensweise dieser Art: Oft unternimmt sie kilometerweite Wanderungen auf der Suche nach geeigneten neuen Lebensräumen und stößt dabei häufig auch auf einen Gartenteich, der sofort näher untersucht wird. Sagt er ihr zu, kann es zur Eiablage am feuchten Uferstreifen kommen, ein Männchen „besetzt" den Tümpel regelrecht, verteidigt „sein" Revier gegen Eindringlinge und wartet auf ein Weibchen. Streift eine Libelle einer kleineren Art zu neugierig umher, kann es ihr passieren, daß sie ergriffen und verspeist wird – manchmal nimmt sich der gefräßige Teichbesetzer nicht einmal die Zeit, die Beute in Ruhe zu verzehren, sondern frißt den Verwandten sofort im Fluge.

Die wendigen Großlibellen mit ihren kräftigen, unterschiedlich geformten Vorder- und Hinterflügelpaaren sind zu erstaunlichen Flugleistungen fähig: Nicht genug, daß sie zu den schnellsten Insekten zählen, sie können auf der Stelle kehrtwenden und sogar rückwärts fliegen.

Die leuchtenden Farben unserer Libellen, die deswegen auch als „fliegende Edelsteine" bezeichnet werden, sind je nach Art völlig unterschiedlich: Die kleinen Azurjungfern sind leuchtend blau, die ebensogroße Adonislibelle kräftig rot. Binsenjungfern schimmern in metallischem Grün oder Kupfer, die großen Plattbauchlibellen-Männchen haben dagegen eine blaue, wachsartige Bereifung, die Weibchen sind gelb gefärbt.

Libellen sehen für Insekten außerordentlich gut und können noch Bewegungen wahrnehmen, die für unser Auge viel zu schnell ablaufen. Aus bis zu 28 000 Facetten besteht ein Auge; bei der Blaugrünen Mosaikjungfer nehmen sie fast den gesamten Kopf ein.

Leider hat der Volksmund ein Gerücht über unsere Libellen verbreitet, das völlig aus der Luft gegriffen ist: Oft werden die auch als Teufelsnadeln bezeichneten Libellen als gefährliche und giftige Insekten dargestellt. Sie können nicht stechen und sind keinesfalls giftig. Da sie den Menschen und größeren Tieren gegenüber sehr scheu sind, kommt es auch kaum zu „kritischen" Begegnungen. Wir sollten diese überaus interessanten Tiere deshalb in Ruhe lassen und statt dessen ihre Flugkünste bewundern.

Ein Männchen der Blaugrünen Mosaikjungfer schlüpft aus seiner Larvenhaut (Reihenfolge: von links nach rechts).

Die kleinsten Flöße der Welt

Mit dem Namen „Entengrütze“ oder auch „Entenflott“ werden die kleinsten unserer Blütenpflanzen bezeichnet, die im Falle der Kleinen Wasserlinse nur 2–3 mm groß werden. Diese Winzlinge können selbst hektargroße Gewässer mit einem dichten Teppich kleinster Blättchen bedecken, der bei aufkommendem Wind in einer Gewässerbucht zusammengefegt wird.
Die Bezeichnung „Entengrütze“ ist durchaus treffend, denn von Entenvögeln werden die Wasserlinsen geradezu „staubsaugermäßig“ verputzt.
Erstaunlich ist das massenhafte Auftreten bereits im Frühjahr, zumal wir im Winter nur selten ein Exemplar entdecken können. Das Geheimnis dieser Kleinstpflanzen liegt in ihrer Überwinterungsstrategie: Zum Herbst hin erhöhen sie ihr Gewicht durch Speicherung von Stärke in den Blättchen beträchtlich. Dadurch werden sie schwerer als Wasser, so daß sie auf den Gewässerboden sinken, wo sie meist frostsicher den Winter überstehen können. Während des Winters werden die Stärkevorräte verbraucht, so daß die Wasserlinsen wieder leichter werden, wie Unterseeboote allmählich auftauchen und im Frühjahr schließlich auf der Wasseroberfläche treiben. Wie aber kann dieses auf der Wasseroberfläche schwimmende Miniaturgrün seinem Namen als Blütenpflanze gerecht werden?

Die Kleine Wasserlinse überzieht selbst schattige Waldtümpel (links).

Die Kleine und die Vielwurzelige Wasserlinse bilden oft flächendekkende Wasserlinsengesellschaften (rechts).

Es erfordert schon viel Fantasie, den millimeterkleinen Blättchen Blüten zuzutrauen. Die winzigen, selbst mit der Lupe kaum zu entdeckenden Blüten werden von kleinen Insekten der Wasseroberfläche befruchtet; Wasserläufer, Käfer und besonders die Hornmilbe übernehmen die Samenverbreitung. Nach dem Zerfall der auf der Blattunterseite ausgebildeten Fruchtkörper sinken die Samen auf den Gewässerboden, können aber auch Trockenphasen unbeschadet überstehen. Auch an regelmäßig austrocknenden Tümpeln bleibt deshalb der Bestand gesichert.
Wesentlich wichtiger ist die Vermehrung durch Ausbildung von Tochterpflanzen – Wasserlinsen können auf diese Weise kleine zusammenhängende Kolonien bilden. Regelmäßig bildet an sich nur die ziemlich seltene Buckelige Wasserlinse Blüten aus.
Kaum eine Bedeutung haben die oft nur spärlich ausgebildeten Wurzeln. Sie dienen nicht der Aufnahme von Wasser und Nährstoffen wie bei anderen Pflanzen, sondern lediglich der Lagestabilisierung auf der Wasseroberfläche. Außerdem enthalten die bis zu 9 cm langen Wurzeln den grünen Blattfarbstoff Chlorophyll und können deshalb Energie erzeugen – eine Leistung, die normalerweise den Blättern vorbehalten ist.

Bis zum letzten Tropfen

Weit abseits unserer Wege liegen Sand-, Kiesgruben und Steinbrüche. Diese meist nur wenig beachteten und vielfach als illegale Müll- und Bauschuttdeponien mißbrauchten Abgrabungsflächen sind für unzählige Tier- und Pflanzenarten unersetzbar wichtige Lebensräume.
Diese nach dem Abbau sich selbst überlassenen Steinbrüche und Sandgruben bieten den Tieren Bedingungen, wie sie in unserer intensiv genutzten Landschaft sonst nicht anzutreffen sind: Die nahezu unbewachsenen, reichgegliederten Flächen sind regelrechte Wärmeinseln, wo der offene Boden von der Sonne aufgeheizt wird. Wärmeliebende Amphibien und Reptilien, deren Lebensräume andernorts verschwunden sind, finden hier noch intakte Rückzugsgebiete.
Flache Pfützen auf der nur wenig wasserstauenden Sohle eines Steinbruches sind so kurzlebig, daß bereits wenige Sonnentage die Flachgewässer wieder austrocknen lassen. Wer hier das Wasser benötigt, wie die Amphibien für ihren Nachwuchs, muß zum Überleben schon gute Strategien entwickelt haben.
Ein Spezialist dieser für unsere Breiten extremen Lebensräume ist die Kreuzkröte, die ohne die Trockenheit und Wärme solcher Standorte nicht überleben könnte. Die nur 8 cm große Krötenart verschläft den ganzen Tag in schützenden Spalten unter Geröll

oder in selbstgegrabenen Röhren im lockeren, sandigen Untergrund. Erst nach Sonnenuntergang verläßt sie die schützende Umgebung und sucht nach Insekten, Schnecken und Würmern. Die erdfarbene Kreuzkröte ist am gelben Strich in der Rückenmitte sofort erkennbar.
Sie hat eine erstaunliche Fortpflanzungsstrategie entwickelt: Ab April sammeln sich die Kreuzkröten-Männchen in den flachen, schon stark durch die Sonne aufgewärmten oft nur 10 cm flachen Pfützen und locken mit den knarrenden, durch ihre riesige Schallblase verstärkten Rufen die Weibchen an. Nach kräftigen Regenfällen legen die Pärchen ihre Laichschnüre auf dem Boden der Pfützen ab, und schon nach wenigen Tagen schwimmen die Kaulquappen umher. Bis auf 30 Grad Celsius und mehr kann die Wassertemperatur an Sonnentagen ansteigen, so daß sich die Kaulquappen schnell entwickeln. Bereits nach sechs Wochen verlassen die nur 8–10 mm kleinen Jungkröten das Wasser. Trotzdem verlieren sie oft den Wettlauf gegen die Zeit, wenn die Pfützen vorzeitig austrocknen. Die Weibchen setzen deshalb ihren Laich nicht auf einmal ab, sondern verteilen ihn auf zwei bis drei Schübe. Wird nun eine Larvengeneration vernichtet, können sie nach erneuten Regenfällen ihre „Sicherheitsreserve" einsetzen. Die abgestor-

Sich selbst überlassene Steinbrüche mit Flachgewässern entwickeln sich oft zu einzigartigen Lebensräumen.

Die Kreuzkröte sucht zum Ablaichen flache Steinbruchpfützen auf (unten).

benen Kaulquappen dienen den geschlüpften Larven dann sogar als Kraftnahrung; ihr Wachstum wird dank der „Vorgänger“ stark beschleunigt.

Ähnlich spezialisiert wie die Kreuzkröte ist auch die bis zu 10 cm große Wechselkröte, die aufgrund einer Vielzahl grüner Flekken auch den Namen „Grüne Kröte“ hat. Dazu verleihen ihr rote Warzen ein sehr schönes kontrastreiches Muster. Im Frühjahr ab April können wir mit viel Glück das hohe durchdringende Trillern dieser seltenen Kröte hören, das die Männchen aus den flachen Pfützen ertönen lassen.

Das interessanteste Fortpflanzungsverhalten hat allerdings unsere kleinste Art, die Geburtshelferkröte. Die nur bis 4,5 cm messenden, sehr unscheinbar erzgrauen, gelblichen oder bräunlichen Tiere sind ausgezeichnet getarnt. Die dämmerungs- und nachtaktive Geburtshelferkröte hat sich als ausgesprochener Kulturfolger erwiesen. Neben den versteckreichen Steinhalden der Steinbrüche oder den Trockenhängen der Weinberge besiedelt sie sehr gern auch Trockenmauern an alten Gehöften. Im Frühjahr und Sommer können wir auch tagsüber ihre helle flötende Stimme hören, die ihr im Sauerland den Namen „Steinklinke“ eingebracht hat; anderenorts wird sie auch Glokkenfrosch genannt.

Um den Gefahren der Trockenheit zu entgehen, besitzt die Geburtshelferkröte eine erstaunliche Strategie: Nach der Befruchtung der Eier wickelt sich

In sandige Hänge gräbt die Wechselkröte ihre Wohnröhren.

das Männchen die aus etwa 20–50 Einzeleiern bestehende Gallertschnur, die zu einem elastischen Band eintrocknet, um seine Hinterbeine. Es trägt die heranreifenden Kaulquappen mit sich herum, bis diese durch zunehmende Bewegungen auf ihren Freiheitsdrang aufmerksam machen. Sollten die Gewässer mangels Niederschlägen zwischenzeitlich ausgetrocknet sein, kann das Absetzen der Kaulquappen herausgezögert werden. Sagen ihm die Wasserverhältnisse zu, setzt sich das Männchen in den flachen Randbereich, kurze Zeit später sprengen die Kaulquappen ihre enge Larvenhülle und schießen in die Freiheit.

Das Geburtshelferkröten-Männchen sucht zur Larvenablage instinktiv zum richtigen Zeitpunkt das Gewässer auf.

Kleinste wassergefüllte Wagenspuren oder pflanzenlose Pfützen von 10 cm Tiefe werden von der Gelbbauchunke als Fortpflanzungsstätten bevorzugt. Die einzige tagaktive Art unter den hier behandelten Froschlurchen hält sich fast ihr gesamtes Leben in den warmen, flachen Pfützen auf. Bei Gefahr präsentieren die oberseits lehmgelben Tiere ihren grellgelben Bauch in der sogenannten „Kahnstellung“ und schrecken ihre Feinde so ab. Zusätzlich besitzen sie ein sehr starkes Gift, das aus den über den gesamten Körper verteilten Warzen freigesetzt werden kann. Sehr problematisch wirkt sich die zunehmende Nutzung von Sandgruben und Steinbrüchen als Mülldeponien aus. Vielerorts hat der „Müllnotstand“ zur Zerstörung unersetzlich wertvoller Lebensräume geführt.

Scharfe Klauen - lange Dolche

Unter Wasser spielt sich in aller Verborgenheit ein dramatischer Überlebenskampf ab, dessen Gewalttätigkeit für Horrorgeschichten Pate gestanden haben könnte. Mord und Totschlag, Kannibalismus, verstümmelte Opfer - all dies gehört zum Alltag der Insektenlarven. Diese oft nur wenige Zentimeter kleinen Freßmaschinen kennen kein anderes Ziel als ihre Beute. Feine Injektionsnadeln, nadelspitz bedornte Fangarme oder hervorschnellbare messerscharfe Klappmechanismen sind nur eine Auswahl der Mordwerkzeuge der tümpelbewohnenden Insekten und ihrer Larven.

Freischwimmende Jäger sind die zu den Wasserwanzen zählenden Rückenschwimmer der Gattung *Notonecta.* Sie sind aufgrund ihrer oberflächennahen Lebensweise und der quirligen Schwimmweise oft die ersten Wasserinsekten, die wir bei einem Tümpelspaziergang entdecken. Während die Wasserläufer - die ebenfalls zu den Wasserwanzen gehören - ihre Beute meist von oben durch die Wasseroberfläche ergreifen, kehrt sich bei den Rückenschwimmern die Jagdweise um: Mit den Vorderbeinen werden auf das Wasser gefallene Insekten ergriffen, mit den spitzen Mundwerkzeugen angestochen und ausgesaugt. Die Rückenschwimmer schwimmen deshalb immer „verkehrt herum" im Wasser, mit dem Kopf nach unten, so daß sie

Ein räuberischer Wasserbewohner ist der Gelbrandkäfer; hier ein Weibchen, erkennbar an den gefurchten Flügeldecken (links).

Die unersättliche Larve des Gelbrandkäfers vergreift sich sogar an kleineren Artgenossen (rechts).

Im Untergrund des Gewässers lebt die Larve der Schlammfliege (unten).

blitzschnell Insekten ausmachen und erbeuten können. Minutenlang hängen sie kopfunter an der Wasseroberfläche, den Hinterleib etwas herausgestreckt, um Luft nachzutanken. Das kräftige dritte Beinpaar ist mit langen Haaren ausgestattet, so daß sie sehr schnell und wendig umherflitzen können. Eine weitere Wasserwanzenart bevorzugt eine völlig andere Jagdweise: Der blattartig abgeplattete Wasserskorpion ist ein schlechter Schwimmer und hangelt sich mehr zwischen Wasserpflanzen oder im Dickicht des Untergrundes entlang. Dank seiner bräunlichen Färbung und der zögernden langsamen Gehweise sehen ihn seine Beutetiere kaum. So schnellt er aus der Deckung seine kräftigen, zu Zangen umgewandelten Vorderbeine hervor und ergreift kleine Insekten oder auch Kaulquappen. Zur Atmung dient das oft fälschlich als Stachel angesehene 10 mm lange Atemrohr am Hinterleibsende, mit dem der etwa 22 mm kleine Wasserskorpion an der Wasseroberfläche Luft nachtankt. Seinen Namen verdankt er diesem Atemrohr und den in Lauerstellung angewinkelten Fangarmen. Dadurch sieht er dem Skorpion ähnlich, mit dem er aber nicht im entferntesten verwandt ist.

Räuberische Insekten und Insektenlarven. 1 Blaugrüne Mosaikjungfer und Larve, **2** Gemeine Heidelibelle und Larve, **3** Große Pechlibelle und Larve, **4** Rückenschwimmer, **5** Wasserskorpion, **6** Gelbrandkäfer

nd Larve, **7** Hufeisen-
zurjungfer, Paarungs-
ad, **8** Frühe Adonis-
belle (Männchen), **9**
attbauch-Libelle.

Wer von räuberischen Insekten berichtet, nennt vor allem den Gelbrandkäfer und seine gefräßige Larve. Besitzer von Fischteichen sehen den 3,5 cm großen Schwimmkäfer höchst ungern, da er in größerer Anzahl unter der Jungbrut der Fische „aufräumen" kann. Der erwachsene Käfer fliegt Gewässer auf der Suche nach neuen Nahrungsquellen nachts an. Die dunklen, metallisch grün schillernden Tiere mit der gelben Körperumrandung sind schnittige, schnelle Schwimmer, die vom hinteren Ruderbeinpaar angetrieben werden. Mit den Vorderbeinen ergreift er kleinere Fische, meist aber Wasserinsekten oder Kaulquappen, die sofort aufgefressen werden. Die großen Saugnäpfe am vorderen Beinpaar trägt nur das Männchen. Sie dienen während der Paarung zur Verankerung auf dem Panzer des Weibchens. Noch unersättlicher ist die Larve des Gelbrandkäfers. In einem Aquarium wird so ziemlich alles aufgefressen, was von der Größe her noch zu bewältigen ist: Kaulquappen, Insekten, kleine Fische, selbst ausgewachsene Molche verspeist die Gelbrandlarve. Kannibalismus ist keine Seltenheit, so daß in Aquarien nur eine Larve einen längeren Aufenthalt überstehen wird. Die langen Dolchzangen am Kopf sind innen hohl und verbeißen sich zunächst in die Beute, für die es dann kein Entrinnen mehr gibt. Die Gelbrandlarve pumpt Verdauungssäfte hinein, die das Opfer innerlich auflösen, das so in aller Ruhe ausgesaugt werden kann. Schon kurz nachdem sie die leere Hülle des letzten Beutetiers fallen läßt, hält sie nach dem nächsten Opfer Ausschau.

Die Larven der Großlibellen sind ebenfalls gefräßige Wasserbewohner, deren eigenartige Ernährungsweise wir sehr gut beobachten können. Ohne viel Aufwand ist „vor Ort", am Tümpel, ein kleines Aquarium mit einigen Wasserpflanzentrieben eingerichtet. Setzen wir zwei, drei Großlibellenlarven zusammen mit einigen Kaulquappen hinein, dauert es meist nur einige Minuten, bis sich die Libellenlarven an die fremde Umgebung gewöhnt haben und sich um ihre Mitbewohner „kümmern". Alles, was kleiner ist als sie selbst, wird zunächst als Beute angesehen, und blitzartig hängt die erste Kaulquappe zwischen den kräftigen Kieferzangen. Die sich langsam anschleichende Larve kann aus mehreren Zentimetern Entfernung ihre Beute „harpunieren", indem sie ihre Fangmaske hervorschnellt. In Ruhestellung ist das Greiforgan unter dem Kopf des Tieres zusammengeklappt. So schafft es die Libellenlarve, aus der Tarnung heraus ihr Opfer zu ergreifen.

In den dunklen Tiefen des schlammigen Gewässerbodens leben die Larven der Schlammfliege. Beiderseits ihres langgestreckten Hinterteils sitzen acht Kiemenäste, mit denen sie sich auch im relativ sauerstoffarmen Bodenschlamm ausreichend mit Sauerstoff versorgen kann. Meist im Bodenschlamm eingegraben, packt sie mit ihrer kräftigen Kieferzange Würmer oder Insektenlarven aus der Deckung heraus.

Zu den Wasserwanzen zählt der Wasserskorpion, der den gefährlich klingenden Namen seinem langen Atemrohr und den scherenartig angewinkelten Fangarmen verdankt (oben).

Zum Atmen müssen Rückenschwimmer regelmäßig an die Wasseroberfläche aufsteigen (unten).

Pflanzen auf Insektenjagd

Ob Insektenlarven auf der Jagd, Kaulquappen im Wettlauf gegen das drohende Austrocknen ihres Gewässers oder Bachbewohner unter dem ständigen Druck der Strömung – der Kampf ums Überleben ist allen Tieren gemeinsam. Aber auch unter den Pflanzen gibt es an und in Gewässern einige Arten, deren Lebenswandel alles andere als friedlich ist. Sie kehren den Spieß um und dienen nicht als Nahrung für gefräßige Tiere, sondern ernähren sich ihrerseits von kleinen Tieren. Was treibt aber die meist nur wenige Zentimeter großen Pflanzen zu dieser merkwürdigen Lebensweise? Nur anhand genauer Kenntnis ihrer Lebensräume ist die Ursache einleuchtend, denn eine Gemeinsamkeit bestimmt die Standorte von Sonnentau, Fettkraut und Wasserschlauch. Die Nährstoffverhältnisse erlauben nur Spezialisten, diese kargen und für viele Arten lebensfeindlichen Orte zu besiedeln.

So finden wir diese Arten bevorzugt in Mooren oder aufgelassenen Sandgruben, wo der Boden nur sehr wenige Nährstoffe enthält.

In den sauren Moorgewässern unterbleibt die Verrottung abgestorbener Pflanzen. Die Reste sinken auf den Bodengrund und werden unter Luftabschluß in Jahrtausenden zu Torf. Die vorhandenen Nährstoffe verbleiben im Bodenschlamm, der Mudde, und gelangen nicht wieder in den

Bestand des Rundblättrigen Sonnentaus im Randbereich eines Moores (links).

Aus der tentakelbesetzten Blattrosette schiebt der Rundblättrige Sonnentau seinen Blütenstand hervor (rechts).

An den klebrigen Fangblättern des Sonnentaus verfangen sich zahlreiche Insekten, selbst Kleinlibellen (unten).

Nahrungskreislauf zurück. Im Boden fehlt besonders der für das Pflanzenwachstum unbedingt notwendige Stickstoff.
„Not macht erfinderisch", scheint die Devise zu sein, mit der der nur 10 cm große Sonnentau Insekten erbeutet, die den nötigen Stickstoff enthalten. Seine wie Miniatur-Tennisschläger aussehenden klebrigen Fangblätter leimen sogar größere Insekten wie Libellen an, die sich durch heftiges Zappeln nur noch tiefer in das Gewirr der klebrigen Fanghaare verstrikken. Einem Nadelkissen ähnlich sitzen auf einer fingernagelgroßen Fläche über 200 rote Tentakeln, an deren Spitze sich jeweils ein klebriges Tröpfchen befindet. Insekten, die an diesem trügerischen „Tau" interessiert sind, werden angelockt. Die gleichen Drüsen, die in einer Blüte den Nektar produzieren, versorgen hier die hinterhältige Falle mit Leim. Klebt nun ein Insekt an den Tentakeln, schließen sie sich um die Beute. Wir müssen allerdings schon einige Geduld aufbringen, um das Insekt verschwinden zu sehen: Die äußeren Drüsenhaare sind weitaus länger als die inneren und neigen sich zur Blattmitte, bis sie nach etwa einer Stunde das Beutetier umschlossen haben. Der Klebstoff verstopft die Atemöffnungen, die Tracheen, und das Insekt stirbt. Danach setzt die zweite Funktion der Drüsenflüssigkeit ein: Das Beutetier wird mit

den pflanzeneigenen Enzymen aufgelöst und in Nährstoffe zerlegt, die von den Blättern aufgenommen werden können. Der Verdauungsvorgang kann durchaus mehrere Tage dauern. Erst danach öffnet sich das Blatt wieder, um die nicht verwertbaren Chitinreste freizugeben.
Weltweit sind etwa 450 räuberische Pflanzenarten bekannt, allein der Sonnentau zählt 90 Arten. Wenig bekannt ist das auch auf dauerfeuchten Sandstellen in Küstennähe anzutreffende Fettkraut. Auch dort bestimmt die Nährstoffarmut die Lebensbedingungen. Die glänzenden, hellgrünen Blätter sind, wie die des Sonnentaus, mit Hunderten von Drüsen ausgestattet, die einen klebrigen Schleim produzieren. Nur scheint dieses „Fliegenfängerprinzip“ einfacher aufgebaut, da die langen Tentakelhärchen fehlen und statt dessen das gesamte Blatt langsam das Beutetier umschließt.
Sowohl der Sonnentau als auch das Fettkraut können wir mit einem Fleisch- oder Käsekrümel ködern. Die empfindlichen Blätter reagieren darauf ebenso wie auf ein kleines Insekt und umschließen das angebotene „Beutetier“.
In Experimenten hat man herausgefunden, daß bei ausreichendem Nährstoffangebot im Boden die Pflanzen auch ohne Insektennahrung auskommen können.
Die hübschen, breitlippigen Blüten des Fettkrautes verraten uns die nahe Verwandtschaft zum Wasserschlauch. Im Gegensatz

Das Fettkraut mit seinen unscheinbaren flachen Blattrosetten fällt nur zur Blütezeit auf (oben).

Das Fettkraut ist auf eiweißreiche Insektennahrung angewiesen (unten).

Der Wasserschlauch bringt relativ große Blüten hervor, die weit über die Wasseroberfläche ragen (links).

Mit den winzigen Fangblasen erbeutet der Wasserschlauch Wasserflöhe und andere Kleinlebewesen (rechts).

zu den beiden vorangegangenen Pflanzen ist der Wasserschlauch eine reine Wasserpflanze, dessen feingliedrige Triebe ohne jedes Wurzelwerk im Wasser treiben. Er besiedelt stehende, seltener auch langsam fließende Gewässer, wie die Tümpel alter Kies- und Sandgruben oder Moorweiher. Das feine Blattwerk kann unter günstigen Bedingungen zusammenhängende Teppiche bilden. Im Juli locken die gelben Blüten von weit her Insekten an. In den Blattwinkeln der Triebe sitzt eine Geheimwaffe, mit der der Wasserschlauch seine einzigartige Fangtechnik ausübt: Kleine Bläschen sind mit feinsten Härchen ausgestattet, die auf die Berührung durch Wasserflöhe reagieren. Schon der kleinste Kontakt reicht aus, um ein leergepumptes Fangbläschen zu aktivieren. Wie eine Falltür schnellt durch den Unterdruck eine bis dahin festsitzende Klappe nach innen, und der Sog des eindringenden Wassers zieht kleine Wasserbewohner hinein. Anschließend klappt die Falltür wieder zu, und der Wasserfloh sitzt in der Falle. Durch die Freisetzung von Verdauungsflüssigkeiten wird er innerhalb weniger Stunden aufgelöst und die Nährbrühe vom Wasserschlauch aufgenommen. Danach wird der Rest entfernt und das überschüssige Wasser herausgedrückt, bis die Vorrichtung erneut funktionsbereit ist.

Blütenmeer mit nassen Füßen

Der sommerliche Blütenreichtum von Feuchtwiesen, Gräben und stehenden Gewässern ist der jahreszeitliche Höhepunkt in unseren Feuchtgebieten. Üppiger Pflanzenwuchs überzieht die Flachwasserbereiche in solcher Dichte, daß oft kaum noch freie Wasserflächen übrigbleiben. Die Blütenpracht bedeutet ein reichhaltiges Nahrungsangebot für nektarsuchende Insekten, aber auch für die Großlibellen, die über dem Röhricht in rasanten Flugmanövern Insekten erbeuten und diese in der Luft verspeisen. Vom Nektar der Blüten ernähren sich beispielsweise Bienen und Hummeln. Für sie gibt es überall etwas zu naschen, zumal auch hier mit allen Tricks um die Gunst der fliegenden Pollenverbreiter geworben wird. Der Erfindungsreichtum der Natur ist gerade hinsichtlich der Blütenbildung schier unerschöpflich: Ob auffällige Farben, Größe, Geruch oder raffinierte Befruchtungsmechanismen – kaum eine Möglichkeit bleibt im Pflanzenreich unversucht, die begehrten Blütenbesucher anzulocken.

Uns bleibt die Welt der Düfte nahezu verborgen, denn unsere unempfindliche Nase reagiert nur auf die intensivsten Gerüche. Aber selbst für unsere unempfindlichen Nasen duften die Minzen sehr aromatisch. Besonders die Wasserminze liebt nasse Füße über alles. Größere Bestände können wir an warmen, sonnigen Tagen weithin riechen. Schmetterlinge nehmen diese attraktiven Nektarquellen sogar über Hunderte von Metern wahr.

In dem Pflanzengewirr fällt uns besonders ein früh erscheinender Sonnenblüher auf: Die unter unseren einheimischen Arten geradezu exotisch anmutende Wasserschwertlilie lockt mit ihren riesigen gelben Einzelblüten Insekten an. Die überaus attraktive Art findet aber auch unter den Menschen viele Liebhaber, denn im Zuge der Gartenteichwelle hat mancher „Naturfreund“ mit falsch verstandener Naturliebe die Bestände vieler Arten geplündert. Die Wasserschwertlilie wurde deshalb unter Naturschutz gestellt und darf, ebenso wie viele andere Arten, nicht der Natur entnommen werden.

Im Gegensatz zu den zahlreichen zurückgehenden Arten der Gewässer ist eine andere Pflanze auf dem Vormarsch: das Drüsige Springkraut, mit dem gelbblühenden Gemeinen Springkraut „Rühr-mich-nicht-an“ verwandt, stammt aus dem asiatischen Raum und wurde wegen seiner schönen, bauchig aufgeblasenen rosa bis violett-roten Blüten als Zierpflanze eingeführt. Seit etwa 50 Jahren gibt es verwilderte Ausbrecher dieser Pflanzenart an Gewässerläufen, aber auch an Wald- und Wegrändern. Sie ist eine der wenigen eingebürgerten Pflanzen, die von der heimischen Tierwelt akzeptiert werden, besonders Hummeln besuchen den nektarreichen Ausländer.

Die Mehrzahl der Sommerblüher an unseren Gewässern bildet ein undurchdringliches brusthohes Röhricht, in dem die unterschiedlichen Farbtupfer das Interesse der Blütenbesucher erwecken. Auffällige Arten wie die Weidenröschen und der Blutweiderich mit ihren purpurroten Blütenähren, der gelbleuchtende Gilbweiderich oder das Mädesüß mit den weißen Rispen sind gegenüber den kleineren, oft im Untergrund versteckten Arten im Vor-

Im Sommer entfalten Kleingewässer ihre Blütenpracht, hier große Bestände von Gilbweiderich und Blutweiderich.

teil im Konkurrenzkampf um die Insektenwelt.
Manche unscheinbaren Vertreter bevorzugen deshalb auch die freien Flachwasserzonen neuer Gewässer, wo sie als Erstbesiedler bessere Chancen haben. Igelkolben und Froschlöffel zählen zu diesen Neubesiedlern, die sich außerhalb des dichten Röhrichts sehr schnell breitmachen.
Der Rohrkolben ist in seiner rasanten Ausbreitung kaum aufzuhalten, hat er sich einmal an einem freien Gewässerufer angesiedelt. Nährstoffreicher Untergrund bietet dem unterirdisch wachsenden Wurzelstock hervorragende Bedingungen, so daß im Laufe der Jahre dichte Rohrkolbenbestände die Verlandung von Gewässerufern erheblich voranschreiten lassen. Die braunen, kolbenförmigen Fruchtstände, sogenannte „Zylinderputzer“, produzieren Unmengen von Samen, die im Herbst ihre Reise durch die Luft in neue Lebensräume antreten. Die vermodernden Stengel faulen jedoch, und zurück bleibt eine dichte schwarze Faulschlammschicht, denn der natürliche Abbauvorgang wird hier durch Sauerstoffmangel unterbunden. Im schlimmsten Fall kann es zum Absterben der gesamten Lebewelt des Gewässers kommen.
Bei der Anlage eines Gartenteiches sollte man deshalb auf Rohrkolben ebenso wie auf Pflanzungen von Schilf verzichten, gerade diese beiden wuchsfreudigen Arten können unsere gutgemeinte Arbeit schnell zunichte machen.

Sommerblumen am Wasser. 1 Igelkolben, **2** Wasserminze, **3** Sumpf-Vergißmeinnicht, **4** Blutweiderich, **5** Wasser-Schwertlilie, **6** Froschlöffel, **7** Pfeilkraut, **8** Schwanenblume, **9** Rohrkolben.

Verborgene Schreihälse im Schilf

Die Röhrichtbestände um Teiche und Seen sind im Frühjahr und Sommer erfüllt von einem Konzert zahlreicher Stimmen in verschiedenen Tonlagen.
Ein hektisches Zetern aus dem dichten Röhricht stammt vom Vogel des Jahres 1989, dem Teichrohrsänger. Der Deutsche Bund für Vogelschutz hat ihn 1989 aufgrund der stark zurückgehenden Bestände zum Vogel des Jahres erklärt.
Der kleine Kerl mit der großen Klappe ist ein perfekter Handwerker. Im schwankenden Röhricht zwischen den Schilfhalmen baut er in hochwassersicherer Höhe ein festverflochtenes Nest aus Halmen. Es ist unglaublich, daß er es nur mit seinem Schnabel schafft, an den glatten Pflanzenstengeln das Nest so zu verankern, daß es die Brutzeit und die Rangeleien der heranwachsenden Jungvögel sicher überdauert.
Merkwürdigerweise sucht der Kuckuck ausgerechnet die schwankende Konstruktion des Teichrohrsängers relativ häufig auf, um sein Ei in das Nest zu schmuggeln. Für den eigenen Nachwuchs bleibt kein Platz mehr, da der junge Kuckuck die Konkurrenz herausrollt und sich als Alleinherrscher durchfüttern läßt. Das hohe Gewicht des Kuckucks droht das Teichrohrsänger-Nest zum Platzen zu bringen, es hält aber stand. Sollte es dennoch abwärts rutschen, verläßt der Kuckuck seine Kinderstube und

Im Schutze des Uferröhrichts brütet der Teichrohrsänger (S. 76 links).

Die Rohrammer ist eine unscheinbare Bewohnerin ausgedehnter Röhrichtbestände (S. 76 rechts).

Einige Kuckucksweibchen legen ihre Eier bevorzugt in die Nester des Teichrohrsängers. Der junge Kukkuck droht das Nest des geplagten Wirtes fast zu sprengen (oben).

läßt sich außerhalb seinen gefräßigen Schnabel von den streßgeplagten Adoptiv-Eltern vollstopfen.
Aufgrund des knapper werdenden Nahrungsangebotes zieht der Teichrohrsänger im Frühherbst bereits in die afrikanischen Winterquartiere.

Kaum zu unterscheiden vom Teichrohrsänger ist der nah verwandte Sumpfrohrsänger, der die Randbereiche von Gewässern bevorzugt und im Dickicht von Brennesseln, Weidenröschen und Mädesüß ebenso seine Jungen großzieht, aber auch in der schützenden Umgebung der Getreidefelder. Dank seiner wenig spezialisierten Ansprüche hat er weitaus bessere Überlebenschancen. Wegen des Rückgangs von Gewässern mit Röhrichtbeständen sind auch andere kleine Brutvögel in ihrer Existenz bedroht.
Nur selten brütet der große Bruder des Teichrohrsängers, der Drosselrohrsänger, außerhalb des Schilfrohrs. Der Rohrschwirl hatte 1980 lediglich 300–600 Brutpaare in der BRD. Leider ist sein sirrender Gesang vielerorts mittlerweile verschwunden.

Herbst

Pfahlbauten im Röhricht

Beim Durchstreifen des Röhrichts unserer Tümpel und Bäche, besonders aber im abwechslungsreichen Pflanzendickicht der Feuchtwiesen, stoßen wir hin und wieder auf kleine Grasknäuel von etwa 8–10 cm Durchmesser, die bis zu 1 m über dem Boden oder dem Wasser in den Bulten des Rohrglanzgrases angebracht sind. Es handelt sich hier um die Nester der Zwergmaus, eines unserer kleinsten Säugetiere mit nur knapp 7 cm Körperlänge.

Mit viel Glück und noch mehr Geduld gelingt uns die Beobachtung der überaus possierlichen Minimaus. Unverwechselbares Kennzeichen der Zwergmaus ist die „fünfte Hand“, der zum Umherklettern im Pflanzendickicht umgewandelte Greifschwanz, mit dem sich die Tiere zusätzlich festhalten können. Ganz anders als die bodenlebende Verwandtschaft versteht es die Zwergmaus, überaus geschickt zwischen den senkrechten Halmen umherzuturnen.

Dank ihrer Kletterfähigkeit kann die Zwergmaus ihr Nest in Pfahlbauweise anbringen: Zunächst wird ein hochwassersicherer Standort an kräftigen Halmen ausgesucht, deren Spitze sie erklimmt und durch ihr Körpergewicht herabzieht. Geschickt fasert sie die Halme der Länge nach auf und formt daraus ein kugelartiges Nest. Da die Halme meist nicht abgebissen, sondern nur

In ungenutzten Feuchtwiesen und im Pflanzendickicht von Gewässerrandzonen lebt die Zwergmaus (oben).

Die kugelförmigen Nester der Zwergmaus werden hochwassersicher an Gräsern angebracht (unten).

Mit unglaublicher Geschicklichkeit turnen Zwergmäuse zwischen den Pflanzenstengeln umher.

aufgetrennt werden, bleiben sie lange Zeit grün und tarnen das Nest. Nachdem sie nun ein stabiles Gerüst mit benachbarten senkrechten Halmen oder dünnen Ästen verflochten hat, wird im zweiten Arbeitsgang die etwa 8 cm große Kugel weich gepolstert. Der Eingang befindet sich an der Seite, so daß auch Regen kaum eindringen kann. Die Kinderstuben werden weitaus sorgfältiger gebaut als die Wohn- und Schlafnester, da die Jungtiere bis zu drei Wochen darin verbringen werden. Die Bauzeit dauert – je nach der aufgewendeten Sorgfalt – bis zu zwei Tagen. Nicht selten werden nur wenige Meter entfernt Ausweichnester angelegt. Eine Zwergmaus ist recht produktiv; in der Hauptfortpflanzungszeit von August bis September wirft sie bis zu viermal, im Schnitt werden pro Wurf zwischen drei und acht Junge geboren, die nach etwa 20 Tagen das Nest verlassen und schon zehn Tage später geschlechtsreif sind. Zwergmäuse können in geeigneten Lebensräumen einen beachtlichen Bestand erreichen, sofern ihre Nahrung, Sämereien aller Art, Beeren und Insekten, reichlich vorhanden ist. Beim mehrmaligen Schnitt von Bach- und Grabenböschungen werden heute jedoch viele Nester der Zwergmaus im Sommer zerstört, ebenso wie die Gelege der Röhrichtbrüter.

Den Winter verbringen die Zwergmäuse inmitten ihrer reichlich angelegten Vorräte in unterirdischen Nestern.

Alles kleine Fische

Verschmäht und unbeachtet von der Mehrzahl der Naturinteressierten ebenso wie von den Hobbyanglern, fristen die einheimischen Kleinfische, kürzlich sogar als „Fischunkraut“ bezeichnet, ihr Dasein in unseren Bächen. Lediglich die Bachforelle wird, da angelfähig, beachtet. Vielerorts ist sie aber von der ausgesetzten Zuchtform, der nordamerikanischen Regenbogenforelle, verdrängt worden.
Die Groppe, auch als Mühlkoppe bekannt, ist in den sauberen Mittelgebirgsbächen beheimatet. Bei den Anglern ist sie in Ungnade gefallen, da sie als großer Laichräuber die Bestände der Forellen schädigen soll. Wäre die krötengesichtige Groppe nicht nur 15 cm klein, könnte der abgeflachte, unverhältnismäßig große Kopf mit seinem breiten Maul, eingerahmt von wulstigen Lippen, geradezu furchterregend wirken.
Die Groppe hat eine ausgeprägte Brutpflege: Vater Groppe übernimmt die Kinderpflege, indem er das Eipaket aus 100–200 orangeroten Eiern bewacht, die das Weibchen im März/April zwischen den Steinen ablegt. Selbst die gefräßige Bachforelle wird vom wachsamen Männchen mit drohend aufgerissenem Maul vertrieben, obwohl im Normalfall eher eine Groppe im Maul der ansonsten überlegenen Forelle enden würde.
Nützlich ist das riesige Maul auch als „Futterluke“ bei der Nahrungsaufnahme: Die tagsüber unter Steinen versteckte Groppe geht in der Dämmerung auf die Jagd nach bodenlebenden Wasserinsekten, verschmäht aber auch Forellenlaich, Jungfische und Salamanderlarven nicht. Da sie in puncto Wasserqualität sehr anspruchsvoll ist, setzen ihr die zunehmende Verschmutzung der Bäche und die Versauerung des Wassers außerordentlich zu.
Ein merkwürdiges Wesen ist das Bachneunauge. Es zählt eigentlich nicht zu den Fischen, sondern zu den Rundmäulern, einer stammesgeschichtlich sehr alten Tierklasse. Die wurmartigen Larven verbringen den Großteil ihres Lebens im Bodengrund sauberer Mittelgebirgsbäche. Drei bis fünf Jahre dauert dieses Stadium. Aus einer in den Bachuntergrund gebauten Röhre steckt die blinde Neunaugenlarve ihren zahnlosen Mund, der mit borstenartigen Fortsätzen besetzt ist, und filtert Detritus, feinste Überreste von Pflanzen und Tieren, aus dem Wasser. Schon die geringste Erschütterung veranlaßt sie allerdings zum sofortigen Rückzug in die Röhre. Das erwachsene, bis zu 20 cm große Tier frißt während seines nur wenige Wochen kurzen Lebens nichts, da der Verdauungstrakt an einigen Stellen verschlossen und somit unbrauchbar ist.
Ein ziemlich unbeschriebenes Blatt ist die Bachschmerle. Nur selten wird sie größer als 12 cm und steht deshalb auf der Speiseliste größerer Fische wie Forellen oder Hechte. Sie ist zwar eine Bewohnerin schnellfließender Bäche mit Sand- und Kiesgrund, besiedelt aber auch die Uferregionen sauberer, klarer Seen.
Der etwa 15 cm große Gründling bevorzugt fließendes Wasser, hat aber bei weitem nicht die hohen Ansprüche an seinen Lebensraum wie die vorher genannten Bodenfische. Selbst in Teichen und Seen kann er es aushalten – wenn nur die zur Eiablage notwendigen Sand- und Kiesbänke

An den Bartfäden erkennbar ist die bodenbewohnende Bachschmerle.

Ein merkwürdiges Wesen ist das Bachneunauge, das kaum jemand kennt (unten).

vorhanden sind. Mit seinen Bartfäden kann er auch im schlammigen Untergrund Weichtiere und Insektenlarven ertasten.

Noch weniger Interesse an sauberem Wasser hat der Schlammpeizger, bis zu 30 cm lang und drehrund in seinem Körperquerschnitt, was seine Vorliebe für ruhiges, stehendes Wasser kennzeichnet. Bevorzugter Aufenthaltsort ist der schlammige Untergrund von Tümpeln, Teichen und sogar Sümpfen.

Bodenfische. 1 Schmerle, **2** Schlammpeitzger, **3** Gründling, **4** Steinbeißer, **5** Groppe, **6** Neunauge, **7** Neunaugen-Larve.

6
5
4

Pflanzen bereiten sich auf den Winter vor

Wenn die Nächte kühler und länger werden, beginnt für viele Pflanzenarten das Ende der Wachstumszeit.
Die kahlen, abgestorbenen Weiher scheinen in jedem Jahr von neuem besiedelt zu werden, in Wirklichkeit warten die mehrjährigen Pflanzen in frostgeschützter Tiefe auf das nahende Frühjahr. Mitunter sehen wir vom Eis eingeschlossene Wasserlinsen, die wochenlang in gefrorenem Zustand überdauern. Trotzdem zeigen sie als erste im kommenden Jahr wieder ihre neuen Blättchen.
Die Krebsschere (Wasseraloe) benutzt das Prinzip der Stärkespeicherung. Hat sie ihre Stengel und Blätter mit Stärke gefüllt, verläßt sie die oberflächennahe Gefahrzone, in der sie den Kampf gegen die Kälte verlieren würde. In sicherer Tiefe legt die Krebsschere Winterknospen, sogenannte Hibernakeln, an, in denen die Anlagen der Tochtertriebe für das kommende Jahr schlummern. Dies ist für sie um so wichtiger, da die Befruchtung ihrer dreiblättrigen weißen Blüten nur selten zu keimfähigem Samen führt. Dagegen können die zahlreichen Ausläufer im Schutz der Mutterpflanze frühzeitig ihr Wachstum beginnen.
Völlig anders geht die Seerose ihre Überwinterungsvorbereitungen an: Während Schwimmpflanzen wie Wasserlinsen oder Krebsschere gelöst vom Untergrund ihren Standort verändern

Zum Winter hin sterben die Pflanzen der Gewässer oberflächlich völlig ab (links).

Die Fruchtstände der Wasser-Schwertlilie produzieren „geldrollenartige“ Samenplättchen (rechts).

Zum Winter hin sinkt die Krebsschere in frostsichere Wassertiefen ab (unten).

können, sind Vertreter wie Teich- oder Seerose tief im Gewässerboden fest verwurzelt. Dadurch ergeben sich ganz neue Probleme für Wasserpflanzen, da der nahezu sauerstofflose Schlammuntergrund ein Wurzelwachstum kaum ermöglicht. Zur Deckung ihres Sauerstoffbedarfs nimmt die Seerose mit der Oberseite der Blätter Luft auf. Da der Sauerstoff in den Pflanzenwurzeln nur in wesentlich geringerer Konzentration vorhanden ist, wandert er durch weite Kanäle, die Leitbündel, von der Wasseroberfläche bis tief hinab in die Wurzelspitze. Einfach nachweisen können wir die großen Luftkanäle, indem wir uns ein abgerissenes Blatt aus dem Wasser fischen und in den Stengel blasen. Aus unzähligen Öffnungen auf der Blattoberseite perlen Luftbläschen heraus und zeigen uns die Stellen, an denen die lebende Pflanze Luft aufnimmt.

Der Sauerstoff ist ein wichtiger Baustein für die Produktion von Stärke und Pflanzenmaterial und damit für die Entwicklung der kommenden Seerosen-Generation. Tief im Bodenschlamm des Sees werden im Wurzelstock, dem Stärkespeicher der Pflanze, Knospen für die neuen Triebe angelegt. Im Frühjahr treiben diese dann aus und streben an meterlangen, elastischen Stielen der Wasseroberfläche entgegen.

Die Luftbahnen in den Stengeln der Seerosen erregen bei einigen Tieren großes Interesse. Die Larven des Schilfkäfers beispielsweise zapfen den Stengel an und versorgen sich hier mit Sauerstoff. Einige Libellenarten legen ihre Eier direkt in die Nähe dieser sauerstoffreichen Luftkanäle, so daß die Larven nicht nur geschützt sind, sondern gleichzeitig auch noch mit frischer Luft versorgt werden.
Das Prinzip der Stoffspeicherung im Wurzelstock für die kommende Wachstumsphase besteht bei den meisten festverwurzelten mehrjährigen Schwimmblattpflanzen. Daneben vermehren sie sich aber auch durch die Produktion von Früchten. Im Falle der Seerose reifen die Früchte in mohnkapselartigen Sammelblättern heran und werden dann ausgestreut. Aufgrund einer wasserabstoßenden, klebrigen Hülle sind sie zunächst schwimmfähig und treiben so zu neuen Ufern. Nach einigen Tagen löst sich der Überzug auf, und die Samen sinken auf den Gewässerboden, wo sie im nächsten Frühjahr keimen. Aber auch im Gefieder von Wasservögeln können Wasserpflanzen mit ihren klebrigen oder festhakenden Samen neue Gewässer besiedeln.
Die merkwürdigen „Geldrollen", die wir im Herbst sehr häufig am Ufer von flachen Tümpeln finden können, stammen aus der Frucht der Wasserschwertlilie. Sie benutzt eine ganz andere Vermehrungsstrategie. Ihre stark lufthaltigen Früchte werden in großen Mengen produziert und fallen aus den ausgetrockneten, braunen Hüllen. Sie keimen an den Stellen, an die sie der Wind getrieben hat. Die Mutterpflanze entwickelt außerdem aus ihrem kräftigen Wurzelstock neue Triebe und vergrößert den letztjährigen Horst beträchtlich. Der Bestand bleibt also am alten Standort erhalten; im Sinne des Fortbestands und der Ausbreitung der Art erweisen sich die Schwimmsamen als überaus erfolgreich.

Hohle Köpfe für Artenvielfalt

In der bedrückenden Stille eines nebelverhangenen Morgens tauchen entlang der Flußläufe des norddeutschen Tieflands schemenhafte, bizarre Formen aus dem Dunst auf. Die geheimnisvolle Umgebung eines englischen Gruselfilmes könnte nirgendwo besser gedreht werden als in einem uralten Kopfweidenbestand im tiefgrundigen Morast einer überschwemmten Flußaue.
Schon frühzeitig haben die Menschen dieser einzigartigen, schwermütigen Landschaft die Bedeutung der Weiden erkannt: Die Zweige der Korbweiden wurden bereits seit Jahrhunderten als billiges Flechtmaterial für Körbe genutzt. Die ursprünglich aus wirtschaftlichen Gründen regelmäßig geschnittenen Weiden haben sich im Laufe von Jahrzehnten zu meterdicken, klobigen Baumveteranen entwickelt. Ohne den Pflegeschnitt des Menschen geht ihre natürliche Existenz oft schon nach 30 Jahren zu Ende, weil das weiche, schnellwüchsige Holz das gewaltige Gewicht der Krone nicht mehr tragen kann und der Baum unter seiner eigenen Last auseinanderbricht.
Die in regelmäßigen Abständen erfolgenden Schnitte bringen jedoch nicht nur für die Menschen

Kopfweiden benötigen den Pflegeschnitt, da sie sonst vorzeitig auseinanderbrechen.

Vorteile: Das offenliegende Holz unter der Schnittstelle stirbt ab und fault bis tief in den Stamm hinein aus. Oft bleibt im Laufe der Zeit nur noch der äußere lebensfähige Ring stehen, im Innern der Stammruine könnten zwei bis drei Menschen Platz finden. Die Vielzahl der Asthöhlungen, Spalten und Risse wird von vielen Tierarten in der oft hochwassergefährdeten Umgebung bevorzugt als Nistplatz oder Versteck angenommen. Alte Kopfbäume zählen zu den wertvollsten Lebensraumbestandteilen, die wir Menschen gezielt entwickeln können.

Das sich allmählich zersetzende Holz wird zu weichem Mulm, der die Höhlungen der Kopfweide ausfüllt. Etwa 150 Pflanzenarten, sogenannte Epiphyten, ernähren sich von Holzhumus und wachsen als Aufsitzerpflanzen in luftiger Höhe. Unter den Käfern finden wir an die 100 Arten, die in und an Weiden leben und maßgeblich zur Zersetzung des weichen Holzes beitragen. Den Rest erledigen Bakterien und Pilze, die am Ende der Nahrungskette stehen und die die Überreste von Pflanzen und Tieren wieder in pflanzenverwertbare Nährstoffe zerlegen.

Auf engstem Raum können völlig unterschiedliche Tiere in Kopfweiden zusammenleben. Die Larven des Weidenbohrers, eines Nachtschmetterlings, fressen ihre fingerdicken Gänge durch das Holz und hinterlassen kleine

Hohlräume für Folgearten. Hautflügler wie Hummeln und Bienen nehmen diese Wohnröhren gern an. Selbst unsere kleinste Fledermausart, die Zwergfledermaus, hat man schon in einem solchen Loch angetroffen.
Einige Fledermäuse sind ausgesprochene Kopfweiden-Fans. Wir finden hier Wasser- und Fransenfledermäuse, Braune Langohren, seltener auch Abendsegler als regelmäßige Sommergäste, die nicht selten ihren Nachwuchs in den weitläufigen Höhlungen großziehen. Rund um die Versteckplätze finden die nächtlich jagenden Fledermäuse einen reichlich gedeckten Tisch, denn Kopfbaumbestände finden sich meist in der Umgebung von insektenreichen Feuchtwiesen, Flachgewässern, ausgedehnten Röhrichtflächen oder Fluß- und Seeufern.

Stockenten suchen die schützenden Nischen von Kopfweiden als Schlafplatz und Brutstätte auf (oben).

Baumhöhlen aller Art benötigt der Siebenschläfer als Schlafplatz (rechts).

Zu den Schläfern oder Bilchen zählt der insgesamt relativ seltene Siebenschläfer, den wir vereinzelt in Kopfweiden finden. Seine bevorzugten Versteckplätze sind die alten Obstbaumbestände höher gelegener Landschaftsteile.
Der wohl größte Dauergast der Kopfbäume ist der Steinmarder, dessen Gefräßigkeit für seine Mitbewohner Probleme aufwirft. Seine nächtlichen Beutezüge versprechen ihm gerade hier guten Erfolg, da er die meisten Tiere im Schlaf überraschen kann. Er

Bewohner der Kopfbäume. 1 Braunes Langohr, **2** Stockente, **3** Wasserfledermaus, **4** Weidenmeise, **5** Weidenbohrer und Raupe, **6** Steinkauz, **7** Steinmarder.

5
6
5
4

scheut die Nähe zum Menschen keineswegs und weiß die gewaltige „Holzhöhle des Menschen“, die Dachböden von Scheunen und Wohnhäusern, zu schätzen.
Auch die Vogelwelt der versteckreichen Kopfweiden ist sehr artenreich. Wo noch kein geeignetes Loch zu finden ist, zimmert die Weidenmeise ähnlich wie ein Specht ihre eigene Bruthöhle. Das morsche, weiche Holz kann sie mit ihrem kleinen Schnabel bearbeiten und übernimmt auf diese Weise im „sozialen Wohnungsbau“ eine wichtige Aufgabe für ihre Nachmieter. Der kleine Kerl mit dem schwarzen Käppchen ist jedoch mittlerweile vom Rückgang alter Weichhölzer betroffen und signalisiert die Notwendigkeit der Erhaltung von Kopfbäumen.
Zu den höhlenbrütenden Vogelarten gehören auch der Gartenrotschwanz und der Wendehals, die nicht in der Lage sind, sich ihre Bruthöhle selbst anzulegen. Sie sind auf größere vorhandene Hohlräume angewiesen und bauen diese lediglich nach ihrem eigenen Geschmack aus.
Die Stockente brütet häufig zwischen den schützenden Astquirlen, die an der alten Schnittstelle austreiben. Ihr Tarnkleid macht es uns fast unmöglich, den ruhig brütenden Vogel im Gewirr der Äste zu entdecken. Von der 2 m hohen Brutnische aus können ihre Jungen oftmals direkt in ihren neuen Lebensraum springen.

Im weichen morschen Holz der Kopfweiden kann die Weidenmeise ihre Bruthöhlen zimmern (oben).

Fledermäuse, hier ein Braunes Langohr, suchen als Tagesschlafplatz sehr gern hohle Bäume auf (unten).

Die Wasserfledermaus jagt vor allem über größeren Wasserflächen.

Ein netter Gnom ist der Steinkauz, dessen merkwürdige Rufe ihm den Namen „Totenvogel" eingebracht haben. Abergläubische Bewohner haben sein „kuwitt-kuwitt" als „kommt-mit" verstanden, was in der phantasieanregenden Umgebung einer norddeutschen Kopfweidenlandschaft verständlich ist. Dabei ist der Steinkauz wahrlich nicht zum Fürchten. Als einzige Eulenart ist er auch tagsüber zu beobachten, wenn er sich zum Beispiel auf einem Ast oder Zaunpfahl sonnt und dabei genießerisch die großen Augen schließt.
Leider hat durch den Einsatz „moderner" Kunststoffe der Bedarf an billigen Weidenästen stark nachgelassen. Dank der Pflege durch Naturschutzverbände wird jedoch mancher wertvolle Lebensraum erhalten. Da viele seltene Arten Kopfbäume zum Überleben unbedingt benötigen, sollte ihrem Sterben ein Ende gesetzt werden.

Winter

Von der Strömung geprägt

Extreme Lebensräume erfordern von ihren Bewohnern auch extreme Anpassungen. Unter den Gewässern zählen die Mittelgebirgsbäche in unseren Breiten zu den „anspruchsvollsten“, da hier wie an kaum einem anderen Fließgewässerabschnitt ein ständiger Druck auf alle Lebewesen erfolgt. Wer nicht seine eigene Anpassungsstrategie entwickelt hat und mit allen Mitteln der Strömung standzuhalten vermag, wird erbarmungslos fortgetrieben und findet sich möglicherweise in einer für ihn unwirtlichen Umgebung Hunderte von Metern bachabwärts wieder.

Der Überlebenskampf hat gerade bei den Insekten – der wohl artenreichsten Tiergruppe des Bergbaches mit ca. 800 Arten – zu abenteuerlichen Formen geführt. Mit Saugnäpfen, Hakenfortsätzen und Klauen, Klebefäden, schweren Steingewichten, stromliniengünstigen Formen und „Spoilern“ zählen die Insektenlarven zu den erfolgreichsten und „erfinderischsten“ Bergbachbewohnern. Kaum eine technische Möglichkeit fehlt in ihrer Trickkiste, vieles haben wir ihnen sogar für den Flugzeugbau oder Rennsport abgeschaut.

Köcherfliegenlarven heften an ihr schützendes, selbstgesponnenes Gehäuse Steinchen, die sie am Boden des Baches sicher beschweren. Andere Arten kleben sich ihre Köcher aus einem Mosaik feiner Sandkörnchen, aus dem nur der Kopf herausschaut. Die Mehrzahl dieser köcherbauenden Arten lebt vegetarisch von abgestorbenen Pflanzenteilen, dem Detritus, der sich besonders in den ruhigen Kolken ansammelt.

Nur ein Teil der Köcherfliegenlarven baut sich ein Gehäuse, andere Arten leben frei in oder auf dem Bachgrund oder spinnen sich feinste Reusen und Netze zum Beutefang. Durch die Strömung werden ihnen Beutetiere zugespült. Beim „Wasserseelchen“ *Hydropsyche* sind die Netze empfindliche Kunstwerke, die sich allerdings nur unter Wasser entfalten können. Die wenigen völlig frei umherstreifenden Arten wie die Köcherfliege *Rhyacophila* sind kräftige Räuber, die sich gegen Feinde durchaus zur Wehr setzen können. Die meisten Arten haben feine Fortsätze an ihren Körpersegmenten, mit denen sie Sauerstoff aus dem kühlen Bachwasser aufnehmen. Auf Verschmutzungen und Erwärmungen reagieren sie sehr empfindlich. Schon geringe, kaum feststellbare Verschmutzungen können die Köcherfliegenlarve schädigen und sogar abtöten.

Ähnlich empfindlich reagieren auch Steinfliegenlarven. Von den ähnlichen Eintagsfliegen unterscheiden sie sich durch zwei lange Hinterleibsanhänge, während die Verwandtschaft drei Fäden aufweist. Steinfliegenlarven besiedeln je nach Art und Strömung die Unter- und Oberseiten von Steinen, wo sie Jagd auf kleinere Insekten und Würmer machen. Die Larve der größten Art, *Perla marginata*, wird bis zu 3 cm lang.

Mittelgebirgsbäche können zwar oberflächlich zufrieren; unter der Eisdecke bleibt das Wasser jedoch eisfrei.

Selbst die schnellüberströmte Oberfläche von Steinen wird von Spezialisten wie den Kriebelmückenlarven besiedelt (unten).

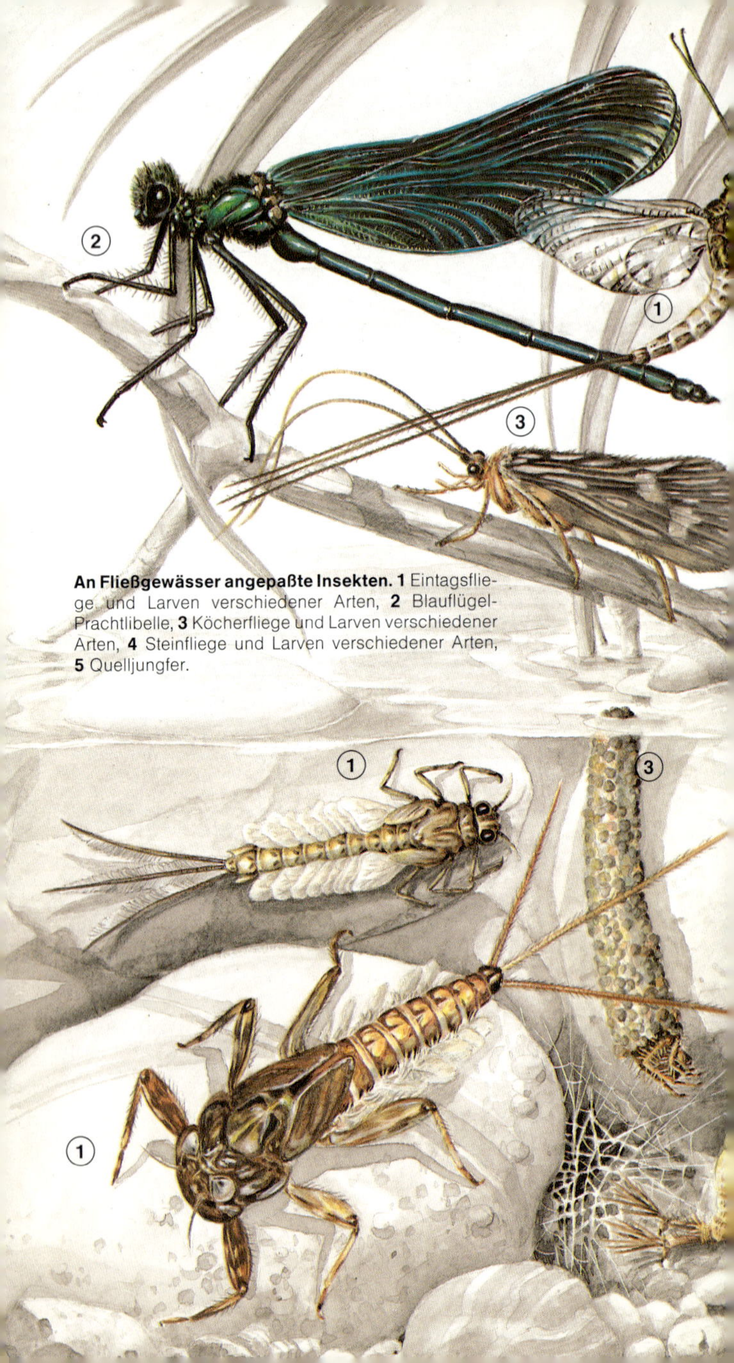

An Fließgewässer angepaßte Insekten. 1 Eintagsfliege und Larven verschiedener Arten, **2** Blauflügel-Prachtlibelle, **3** Köcherfliege und Larven verschiedener Arten, **4** Steinfliege und Larven verschiedener Arten, **5** Quelljungfer.

5
4
4
4
3

und verspeist selbst ihre kleinere Verwandtschaft. Bis zu drei Jahre dauert ihre Larvenzeit. Die bis zu 2,5 cm großen landlebenden erwachsenen Insekten, die Imagines, werden nur wenige Tage alt und nehmen während dieser Zeit keine Nahrung mehr auf.

Die Eintagsfliegen tragen ihren Namen nicht ganz zu Unrecht: Zwei bis vier Tage, in Ausnahmefällen auch nur wenige Stunden oder bis zu zwei Wochen alt werden die Imagines. Gemeinsam sind allen Erwachsenen und Larven die drei Schwanzfäden. Nur die Gattung *Epeorus* weist zwei Hinterleibsanhänge auf.

Wir können die Eintagsfliegen in drei Gruppen unterteilen: Zunächst die eingegrabenen, von der Strömung unabhängigen Arten, wie die Gemeine Eintagsfliege *Ephemera*, deren walzenförmige Larve sich mit Hilfe ihrer kräftigen Mundwerkzeuge und Beine Gänge in den Sand oder Schlammuntergrund graben. Wollen wir ihrem versteckten Leben auf die Spur kommen, können wir an einer Schlamm- oder Sandbank mit einem Küchensieb vorsichtig eine kleine Probe des Bachbodens erforschen.

In der zweiten Gruppe fassen wir die sogenannten runden Eintagsfliegen zusammen, die meist im Strömungsschatten der Steine, an Pflanzen oder im Detritusdikkicht langbeinig umherstelzen.

Die dritte Gruppe ist perfekt an schnellfließende Bachabschnitte angepaßt. Ein flacher, abgeplatteter Körper mit zu Andruckplat-

Die großen Larven der Steinfliege *Perla* bevorzugen sauberes und kühles Bachwasser (oben).

Ideale Anpassungen an schnellfließende Bachabschnitte zeigen die flachen Eintagsfliegenlarven (unten).

ten umgewandelten Kiemenplättchen drückt das Tier selbst in stärkster Strömung an den Untergrund. Der breite, wie eine umgekehrte Schaufel gebogene Kopf verhindert ein Abtreiben nahezu völlig. Gerade Arten dieser dritten Gruppe sind durch die zunehmende Gewässerverschmutzung bereits selten geworden. Wo sie noch in großer Zahl vorkommen, ist das Wasser des Bachabschnittes noch von guter bis sehr guter Qualität.

Nur wenige Libellenarten haben schnellfließende Bäche besiedelt. Die zu den Kleinlibellen zählende, metallisch grün schillernde Blauflügel-Prachtlibelle finden wir nur in sauberen, unverbauten Bachabschnitten. Tagsüber hält sie sich gern im Wurzelgeflecht unterspülter Bachufer auf, in deren Schutz sie ihre Nahrung erbeutet.

Die schwarzgelb gezeichneten Quelljungfern sind mittlerweile sehr selten geworden. Die bis zu 40 mm große Larve lebt eingegraben im sandigen Bachgrund und benötigt aufgrund der geringen Beutetierzahl und der niedrigen Wassertemperatur dort bis zu fünf Jahre für ihre Entwicklung zum Insekt. Aus ihrem sicheren Versteck im Sanduntergrund heraus hält sie nach Beute Ausschau, nur die Fangmaske ragt etwas heraus. Läuft eine Steinfliegenlarve vorbei oder wird durch die Strömung vorbeigespült, schnappt die Libellenlarve zu und zieht das Insekt zum Verzehr in den Bodengrund.

Im sandigen Untergrund des Baches entwickeln sich die Larven der Gemeinen Eintagsfliege (oben).

Selten findet man die sehr versteckt im Bachgrund lebenden Larven der Zweigestreiften Quelljungfer (unten).

Wie der Schnabel gewachsen

Für unvergeßliche Stunden sorgen ab Beginn des Herbstes sowohl an unseren Küsten als auch an größeren Flachwasserflächen im Binnenland die oft in großen Schwärmen gen Süden ziehenden Watvögel. Gemeinsame Merkmale dieser Arten sind ihre langen Stelzbeine und ein langer, fast pinzettenartig ausgebildeter Schnabel.
Man schätzt, daß etwa fünf bis 10 Millionen Wat- und Wasservögel jährlich an der deutschen Nordseeküste vorbeiziehen, um von den nordischen Brutgebieten zu den klimatisch günstigeren, dafür aber bis zu 15 000 Kilometer entfernten Winterquartieren in Südeuropa und Nordafrika zu gelangen. Auf ihrem anstrengenden Zug rasten viele Watvögel an unseren Küsten. Etwa eine halbe Million überwintert im Wattenmeer, wo sie ihre verbrauchten Fettreserven wieder auffüllen können. Aber auch an Binnengewässern lassen sich zumindest für einige Tage Watvögelschwärme nieder, um sich von den Strapazen zu erholen. Diese meist scheuen Tiere können wir in den weitläufigen Flachwasserzonen von Seen und Teichen ebenso wie in vom Hochwasser überfluteten Feuchtwiesen mit dem Fernglas beobachten. Hier stelzen sie auf ihren dünnen Beinen umher, bis knapp unter das Bauchgefieder im seichten Wasser. Die zu Zigtausenden auf einem Quadratmeter lebenden Schnecken, Würmer

Von hoher Warte aus überblickt die langbeinige Uferschnepfe ihre Umgebung (S. 104 links).

In Flachwasserzonen kann die Bekassine ausreichende Nahrungsmengen finden (oben links).

Leicht erkennbares Merkmal des Rotschenkels ist seine weithin sichtbare namensgebende Beinfärbung (rechts).

und Insektenlarven werden dank der mit feinen Tasthärchen ausgestatteten Schnabelspitze ausgemacht.
Die Flachwasserzonen der Seen und Flüsse zählen ebenso wie das Watt zu den nahrungsreichsten Lebensräumen, die wir in Europa kennen. Der Bodenschlamm stellt für das Heer der Kleintiere eine ideale Umgebung dar: Auf einem Quadratmeter können ca. 37000 Wasserflöhe, fast 40000 Zuckmückenlarven, 5000 Hüpferlinge, 4000 Schlammröhrenwürmer und etwa 250000 Muschelkrebse leben. Diesem Nahrungsangebot verdanken die Wasservogelrastplätze ihre internationale Bedeutung, so daß es unser vorrangiges Ziel sein sollte, diese einmaligen Lebensräume zu erhalten.
Leider hat sich an unseren Binnengewässern in den letzten Jahrzehnten eine traurige Bilanz abgezeichnet. Von den ehemals großen Brutvogelbeständen der Watvögel sind nur noch wenige Paare übriggeblieben: Der Bestand des Brachvogels zählt noch etwa 5000 Paare, die Uferschnepfe brütet in Norddeutschland noch mit 7000 Paaren, der Rotschenkel wurde im Binnenland sogar fast

Der Große Brachvogel zählt zu den größten Watvogelarten; er brütet auch im Binnenland (links).

An freien Wasserstellen sammeln sich im Winter oft große Scharen unterschiedlicher Entenarten und Rallen.

an den Rand der Ausrottung getrieben. Ursachen für diesen gewaltigen Rückgang sind in der Trockenlegung von Feuchtwiesen, aber auch der Umgestaltung und verstärkten Nutzung von See- und Flußufern zu suchen. Watvögel haben aufgrund ihrer spezialisierten Ernährungsweise bestimmte Vorstellungen von ihrem Rastplatz, die in ihrem Instinkt verankert sind. Nur selten kommt es deshalb vor, daß ein künstlich geschaffener Lebensraum so viel Zustimmung findet, wie dies bei den Flächen der Rieselfelder nördlich der Stadt Münster in Nordrhein-Westfalen der Fall ist. Zeitweilig rasten mehrere Tausend Durchzügler auf dem Gelände der ehemaligen Kläranlage, die sich zu einem Paradies aus Menschenhand entwickelt hat. Hier finden die ausgehungerten Vögel ähnlich üppige Nahrungsmengen wie in ihren natürlichen Lebensräumen. Mittlerweile sind die Rieselfelder als Feuchtgebiet von internationaler Bedeutung anerkannt worden und stellen eines der wichtigsten Wasservogelreservate der Bundesrepublik dar. Einige Arten haben sich hier sogar als Brutvögel niedergelassen.

Ein typischer, vor 50 Jahren häufiger Vertreter der Watvögel, der von den Jägern auf dem „Schnepfenstrich" in großen Zahlen erlegt wurde, ist die Bekassine oder Sumpfschnepfe. Heute stehen die wenigen tausend noch verbliebenen Brutpaare unter Naturschutz, weil die Zerstörung ihrer Lebensräume weit fortgeschritten ist. Nur selten können wir noch in den norddeutschen Niederungen ihren gleichtönig flötenden Ruf hören.

Während die Bekassine ganz auf ihre perfekte Tarnung vertraut und man oft auf ein fast unbewegt sitzendes Tier treffen kann, flüchtet der Große Brachvogel bereits auf große Distanz. Man kann die kräftige Art sofort an ihrem charakteristischen, nach unten gebogenen Schnabel erkennen. Meist hören wir aber bereits von weitem den klangvollen, trillernden Ruf, mit dem die Männchen aus 20 bis 40 Metern Höhe ihr Revier markieren. Auch der Brachvogel hat unter der Umwandlung der ehemals nur wenig genutzten Feuchtwiesen in Maisäcker und dem Rückgang der Weidewirtschaft zu leiden.

Der nur drosselgroße Rotschenkel mit seinen knallroten Stelzen gehört an der Küste zu unseren häufigsten Watvögeln. Im Binnenland dagegen ist er fast ausgestorben. Im Gegensatz zu den einfachen Nestmulden der übrigen Watvögel baut er sich im dichten Pflanzendickicht eine Laube, in deren Schutz das Brutgeschäft stattfindet. Da ihm der typische lange Watvogelschnabel fehlt, sucht er nur oberflächlich nach Kleintieren und pflügt mit geöffnetem Schnabel durch den Schlamm.
Eine der größten Arten ist die bis zu 40 cm große Uferschnepfe, die durch ihre lauten Protestrufe bei Störungen Unruhe unter die ansonsten ruhige Schar der „Mitwater" bringt.
Da sich die Überlebensbedingungen unserer letzten Watvögel ständig verschlechtern, ist es dringend erforderlich, die noch existierenden Feuchtwiesen, Moor- und Heidegebiete und Flachgewässer zu erhalten. Gebiete wie die Rieselfelder von Münster zeigen uns, daß es noch möglich ist, dem Artenschwund entgegenzuwirken.
Noch recht zahlreich sind bei uns einige Arten der Entenvögel und Rallen. Sie benötigen mehr Wasser unter dem Kiel als die in den Flachzonen umherstelzenden Watvögel. Sofern das Nahrungsangebot stimmt, halten sie sich sogar auf Teichen in Stadtnähe auf. Die weiten Zugstrecken in den Süden sparen sich die Entenvögel, da sie viel zu schwerfällig und plump für lange Flugstrecken sind. So bleiben sie trotz Eis und Schnee oft in größeren Überwinterungsgesellschaften bei uns.

Eiszauber

Seit dem Einbruch des Winters verläuft in den Gewässern das Leben vollständig auf Sparflamme. Viele Tiere sind zu Beginn der ersten Nachtfröste in den Bodenschlamm verschwunden und verschlafen hier in frostsicherer Tiefe den Winter. Insekten, die sich nicht in den Schutz eines Versteckes oder in den Schlammuntergrund in Frostsicherheit bringen konnten, sterben mit Beginn der Nachtfröste.

Wo sich das Eis ungestört bilden kann, entsteht eine nahezu klare, durchsichtige Eisdecke. An Stellen, wo vom Wind der Schnee zur Seite gefegt wurde, können wir auf den Boden des Tümpels blikken und entdecken dort trotz Eis und Schnee grüne Pflanzen. An sonnigen Wintertagen genügt ihnen das Licht sogar noch zur Photosynthese. Ein deutliches Zeichen für die Lebensvorgänge unter dem Eis sind kleine Luftblasen, die aus den Pflanzenbeständen aufsteigen, sich in größeren Blasen sammeln und als milchig trübe Gebilde in die Eisdecke eingeschlossen werden. Auch jetzt im Winter produzieren die Pflanzen weiterhin den für Tiere lebenswichtigen Sauerstoff. Aber auch unter den Tieren gibt es ganzjährig aktive Lebewesen, die sich selbst von Schnee und Eis nicht beeindrucken lassen. Wie alle wechselwarmen Tiere sind auch die einheimischen Fische von der umgebenden Wassertemperatur abhängig, die im Winter

Am Gewässerrand zeigt uns eine zerbrechliche Eisschicht den ehemaligen Wasserstand (rechts).

Oftmals zieren bizarre Eisbildungen die Kaskaden der Bachläufe (links).

Das Wintervergnügen auf einem zugefrorenen See kann für die Tiere unter dem Eis sehr gefährlich sein (unten).

am Grund des Gewässers in frostsicherer Tiefe 4 Grad Celsius beträgt. Ihre Reaktionen werden zwar verlangsamt, reichen aber dennoch zur Jagd auf Kleinlebewesen aus.
Winterliche Gewässer erfreuen sich bei den Menschen großer Beliebtheit. An den bizarren Eisbildungen zugefrorener Bäche oder den eisüberkrusteten Pflanzen der Spritzwasserzone kann man sich nicht satt sehen. Unter einer mächtigen Eisschicht ruhende Teiche bieten noch ganz andere Reize: Wer hat sich nicht schon auf einer Schlitterbahn quer über das Eis mehr oder weniger unsanft auf den Hintern gesetzt? Der zugefrorene Teich ist tagelang der Treffpunkt der Schlittschuhläufer der Umgebung.
Doch wer denkt dabei an die Tiere, denen wir fast auf dem Kopf herumtreten? Die Schall- und Druckwellen dringen auch bis in die hinterste Ecke, kein Versteck kann den Fischen davor Schutz bieten. Oft jagen Fische in panischer Flucht von einer Gewässerbucht in die gegenüberliegende, um den Störungen zu entgehen. Bei jeder Flucht werden lebenswichtige Energiereserven verbraucht. Ein überlegter und ruhiger Umgang mit der Natur ist gerade auch im Winter notwendig, da jetzt alle Lebensvorgänge nur langsam ablaufen und Störungen viel schwerwiegendere Folgen haben, als wir vermuten.

Vögel im Winter

Während der Großteil unserer Vogelarten es vorzieht, die kalte und problematische Jahreszeit im sonnigen Süden zu verbringen, gibt es auch einige Arten, die Wind und Wetter trotzen. Einige Vogelarten aus dem hohen Norden finden unsere Winter sogar so erträglich, daß sie bei uns überwintern.
Neben den Watvögeln finden wir bei uns einige Vogelarten, die sich ebenfalls dem Lebensraum Wasser in perfekter Weise angepaßt haben. Wegen seiner exotischen Gefiederpracht gehört der weithin bekannte Eisvogel zu den schönsten an das Wasser gebundenen Vogelarten, der seinen Namen „fliegender Edelstein“ zu Recht trägt.
Seine Heimat sind Flüsse und Bäche, an die er zwei Bedingungen stellt: Zum einen muß der Bach noch seine natürliche mäandrierende Gestalt mit Steilufern haben, an denen der Eisvogel seine Brutröhren bis zu 1 m tief in den Boden gräbt, zum zweiten benötigt er ausreichende Kleinfischbestände, die nur noch in sauberen Fließgewässern anzutreffen sind. Von der erhöhten Warte eines über das Wasser ragenden Astes späht er nach Beute, die er mit gezielten Sturzflügen erbeutet. Danach wird der Fisch schnabelgerecht nach Eisvogelart zubereitet, indem er ihn so lange gegen den Ast schlägt, bis die Beute „weichgeklopft“ ist und kopfvoran verschlungen werden kann. Beson-

Von der erhöhten Warte eines Steines aus startet die Wasseramsel ihre Tauchgänge (links).

Langanhaltende Frostperioden können dem Eisvogelbestand große Verluste zufügen (rechts).

ders zur Brutzeit kann der kleine Kerl ganz schön ins Schwitzen geraten, denn bis zu acht hungrige Mäuler betteln unaufhörlich nach Nahrung.
Solange die Bäche gute Kleinfischbestände aufweisen und der Eisvogel reichlich Beute machen kann, sind kaum Probleme zu erwarten. Wenn allerdings in strengen Wintern auch die letzten Fließgewässerabschnitte zufrieren, beginnt für ihn eine harte und verlustreiche Zeit. Bereits wenige eisige Tage reichen aus, um große Teile des Eisvogelbestandes verhungern zu lassen. Bis zu 90% können innerhalb eines Winters auf der Strecke bleiben, so daß erst nach Jahren die ehemalige Bestandsgröße wieder erreicht ist. Einzeltiere versuchen durch Abwanderungen an andere Gewässer ihrem Schicksal zu entgehen. In ihrer Not suchen Eisvögel auch Fischteiche auf, an denen sie dann jagen und sich als Fischräuber den Unmut der Teichwirte zuziehen. Oftmals bieten diese Teiche die letzte Möglichkeit der Nahrungssuche, so daß wir den Eisvögeln ein paar Fische durchaus gönnen sollten.
Schier Unglaubliches zeigt die Wasseramsel, die – wie der Eisvogel – natürlich fließende, saubere Bäche und Teiche besiedelt. Ihre Spezialität ist die Unterwasserjagd, die sie selbst an reißenden

Die Gebirgsstelze verbringt die kalte gefahrvolle Zeit an geschützten Gewässerabschnitten (oben).

Bei starken Kälteeinbrüchen können Graureiher ohne Fischnahrung auskommen, da sie sich auch von Mäusen ernähren (links).

Abschnitten der Mittelgebirgsbäche ausübt. Mit viel Glück können wir den braunschwarzen, etwa starengroßen Vogel mit der weißen Brust und dem Stummelschwanz auf einem aus dem Wasser ragenden Stein im Fluß ausmachen. In regelmäßigem Abstand wippend, verbleibt er nur wenige Augenblicke, bevor er kopfüber in die Strömung springt und erst nach 15 Sekunden etliche Meter weiter wieder auftaucht. Was wir gesehen haben, ist keine Flucht vor uns, sondern die Jagd-

Wo an Bachläufen freie Wasserstellen die Jagd auf Kleinfische ermöglichen, findet der Eisvogel noch ausreichend Nahrung.

methode der Wasseramsel. Sie taucht in das Wasser ein und „fliegt“ gegen die Strömung, so daß durch den Wasserdruck gegen die ausgebreiteten Flügel der Vogel auf den Grund gepreßt wird. Mit den scharfkralligen Füßen hält sie sich dabei an Steinen fest, um am Bachgrund nach Steinfliegen- oder Köcherfliegenlarven zu suchen. Da sie auch an schnellfließenden Gewässerabschnitten jagen kann, friert ihr die Speisekammer nur in den seltensten Fällen zu.

Die gelbe Gebirgsstelze mit graublauem Kopf und Rücken zählt auch zu den Bewohnern der Bäche. Obwohl die verwandte Bachstelze dem Namen nach viel eher zum Bach gehören würde, ist die Gebirgsstelze der eigentliche Bachbewohner. Ihre Nahrung besteht hauptsächlich aus Insekten, die gerade im Sommer die Bäche bevölkern. Die Gebirgsstelze sucht ihre Beute besonders im Uferbereich entlang der Wasserstandslinie. Sie hat von der Umgestaltung der Bach- und Flußläufe profitiert, da sie in den Nischen und Höhlungen der bis an den Rand des Gewässers gebauten Gebäude, Brücken und Ufermauern ihr Nest baut. Sie nistet bei weitem nicht so versteckt wie die Wasseramsel, die sogar unter Brücken knapp oberhalb der Hochwasserlinie ihre Kinderstube anbringt. Nach der Brut wandert sie meist an größere und geschützter liegende Gewässer ab, wo das Nahrungsangebot auch im Winter gesichert ist.

Wenn viele Gewässer bereits unter Schnee und Eis begraben sind, bleiben die schnellfließenden Oberläufe der Bäche noch lange Zeit zugänglich. Diesem Umstand ist es zuzuschreiben, daß die Fließgewässerspezialisten unter den Kleinvögeln auch im Winter ihre Stellung halten können und bereits im zeitigen Frühjahr ihre Balzzeit beginnen.

Hin und wieder läßt sich auch einer der bei uns überwinternden Graureiher in nahrungsversprechenden geschützten Tälern nieder. Die zahlreichen Fischteiche in den Tälern der Mittelgebirge bieten ihm einen reichgedeckten Tisch. Verständlicherweise versuchen Teichbesitzer mit Netzen und Stolperschnüren, den gefräßigen Burschen von ihren Fischbeständen fernzuhalten. Der Name „Fischreiher“ hat ihn aber zu Unrecht zum ausschließlichen Fischräuber abgestempelt, da ein Großteil seiner Nahrung auch aus Fröschen, Mäusen und Insekten besteht.

Gewässer in Not

Obwohl die unterschiedlichen Gewässer zu unseren vielseitigsten und reichhaltigsten Lebensräumen zählen, bringt man ihnen erst in den letzten Jahren auch von behördlicher Seite mehr Aufmerksamkeit entgegen. Gerade zugunsten der Landwirtschaft gab es regelrechte „Anti-Feuchtgebiets-Behörden“, deren vorrangiges Ziel die Trockenlegung von Feuchtwiesen oder Verfüllung von Gewässern mit dem Ziel der Bewirtschaftung neuer Flächen war. Das hat sich, auch dank dem Einsatz der Naturschutzverbände, in den meisten Fällen geändert.

Gefährdungsursache Verkehr

Bis weit in die 70er Jahre hat man auch beim Straßenbau kaum Rücksicht auf vorhandene schützenswerte Gewässer genommen. Mal war es ein Tümpel, der durch den Bau einer neuen Straße vernichtet wurde, mal waren es einige auwaldgesäumte Altwasserarme, die vom überlebenswichtigen Hochwasser durch mächtige Straßendämme abgeschnitten wurden, mal ein großflächiges Mosaik von „unnützen“ Feuchtwiesen, die einem neuen Flugplatz zum Opfer fielen. Auf diese Weise sind in vielen Kreisen mehr als die Hälfte aller Gewässer vernichtet worden – in einigen Fällen hat man in nur zehn Jahren neun

Verantwortungslose Mitmenschen gefährden durch illegale Verkippungen von Quellmulden und Bächen unser Grundwasser (links).

Der schützende Gehölzsaum eines Bachlaufes wird oft allzuschnell abgeholzt (rechts).

von zehn Tümpeln und Teichen zerstört.
Die Bach- und Flußläufe sind zum Glück nicht so einfach aus der Landschaft zu entfernen. Sie übernehmen die wichtige Funktion der Entwässerung, das heißt, sie leiten die Niederschlagswasser ab in Richtung Meer. Diese „natürlichen Kanäle“ sind für unsere Umgebung unverzichtbar, da mit der Vernichtung eines Baches das anfallende Regenwasser sich andere Wege suchen muß und Überschwemmungen die Folge wären.

Planerische Gründlichkeit

Zwar kann auch der Mensch nicht ohne weiteres auf Fließgewässer verzichten, doch haben auch heute noch die Wasserwirtschaftsämter ihre eigenen Vorstellungen von einem „funktionierenden“ Bach: Gerade muß er sein, wenig Abflußwiderstand bieten und pflegeleicht zu säubern sein. Die Idealvorstellungen der 70er Jahre sahen einen Bach als eine betonierte Abflußrinne, die möglichst schnell viel Wasser wegzuschaffen hat. Ob Tiere und Pflanzen darin eine Überlebenschance haben – das war völlig unwichtig und hat erst in den letzten Jahren die Planungen mit beeinflußt. Das bedeutet aber nicht,

daß alle neuen Gewässerausbaumaßnahmen diesen gewandelten Erkenntnissen entsprechen.
Eine Vielzahl von kleinen Wiesenbächen, Quellmulden und tief eingeschnittenen Siepen ist für alle Zeiten unter meterdicken Schutt- und Erdmassen verschwunden. Meist sehen wir noch nicht einmal mehr Spuren dieser ehemaligen Gewässer, und erst nach intensivem Studium alter Landkarten erfahren wir von ihrer Existenz. Wie viele kleinere Bäche unterirdisch verrohrt verlaufen, läßt sich nur schlecht abschätzen.
Die Folge solcher Gewässerbegradigungen und -verrohrungen werden heute sichtbar: Häufige Hochwasser am Rhein bereits nach relativ geringen Regenfällen zeigen an, daß die Rückstaufähigkeit der Unzahl kleiner und kleinster Zuläufe als auch der großen Ströme sehr stark vermindert wurde. Wo das Gefälle der Flüsse nicht ausreicht, kommt es zu unberechenbaren Überschwemmungen.

Tausende von Zeitbomben ticken im Untergrund

Es müssen aber nicht immer die großflächigen, gewaltigen Zerstörungen sein, die die Lebensgemeinschaften des Süßwassers gefährden. Oftmals reichen bereits kleine Eingriffe aus, um einen schützenswerten Tümpel oder Quellbereich zu zerstören. Gemeint sind die zahllosen illegalen Bauschutt-, Sperrmüll- und Hausmüllkippen. Was hier im Untergrund jahrzehntelang schlummert, kann plötzlich und unerwartet zu einer Umweltkatastrophe führen und das Grundwasser gefährden. Größere Kippen werden als Altlasten bezeichnet. In meiner Heimatstadt Hagen hat man bis Ende 1988 auf etwa 160 qkm Stadtfläche sage und schreibe 189 (!) Altlasten erfaßt, über deren Inhalt kaum jemand etwas weiß – oder wissen will. Wieviele Millionen DM unserer Steuergelder zur Beseitigung einiger tausend Kippen in ganz Deutschland eingesetzt werden müssen, kann heute niemand abschätzen. Klar ist jedoch, daß es tausendfache Summen von dem sein werden, was die rücksichtslose und unverantwortliche Anlage dieser Altlasten gekostet hat.

Intensive Bewirtschaftung gefährdet die Wasserqualität

Die Landwirtschaft hat ebenfalls Auswirkungen auf Gewässer: Der existenzbedrohende Konkurrenzkampf dank der EG-Agrarpolitik zwingt Landwirte verstärkt zur Nutzung von Flächen, die vor 15 Jahren unangetastete Naturinseln waren. Selbst die hochwassergefährdeten Randbereiche der Bäche und Flüsse werden umgebrochen und bewirtschaftet. Nicht genug damit, daß die Uferstreifen als Lebensraum verlorengehen, viel schwerwiegender ist der Eintrag von Dünge- und Pflanzenschutzmitteln in die Gewässer. Dünger führt in einem Gewässer zur „Eutrophierung", das heißt zur Nährstoffanreicherung und letzten Endes zur Überdüngung. Die Folgen sind unübersehbar: Verstärktes Algen- und Pflanzenwachstum und damit eine übermäßig hohe Produktion von absterbendem Pflanzenmaterial,

Intensive Landwirtschaft gefährdet die Uferstreifen der Bäche und Flüsse (oben).

Verstärktes Algenwachstum ist die Folge von erhöhtem Nährstoffeintrag (unten).

Einleitungen von Haushaltsabwässern zeigen sich oft an Schaumbergen auf der Bachoberfläche.

Verlandung des Gewässers und letzten Endes Fäulnis der absterbenden Pflanzenreste infolge Sauerstoffmangel. Für das Gewässer bedeutet diese Entwicklung eine Katastrophe: Es „kippt um", die gesamte Lebensgemeinschaft ist zerstört. Aus dem ehemals artenreichen Gewässer wird eine schwarzbraune, stinkende Kloake, in der kaum ein Tier außer dem Schlammröhrenwurm überleben kann.

Katastrophenschauplatz Wasser

Seitdem sich die weltweiten Katastrophenmeldungen immer mehr häufen, wird auch bislang Uninteressierten deutlich, wie wichtig der Schutz und die Erhaltung unserer letzten noch nicht zerstörten oder verpesteten Lebensräume ist. Die Ausmaße der Verschmutzung des Wassers übersteigen mittlerweile unser Vorstellungsvermögen.
Das Robbensterben 1988 in der Nordsee demonstrierte den Verantwortlichen ihre Hilflosigkeit, so daß es nur einigen glücklichen Zufällen zu verdanken ist, daß die Robben nicht ausgestorben sind. Anstelle von einschneidenden Maßnahmen werden auch 1989 noch jahrelange Schonfristen für die industriellen Verursacher der Nordseeverschmutzung erwartet.
Nur wenige Monate später die nächste Umweltkatastrophe – von einem Ausmaß, das sich vielleicht durch einen Vergleich verdeutlichen läßt: Vor der Küste Alaskas liegt eine Fläche von der

Überbaute und begradigte Flüsse sind meist ökologisch tote Gewässer.

Größe Niedersachsens unter einem tödlichen Ölteppich begraben. Wäre der Supertanker vor der deutschen Nordseeküste auf Grund gelaufen, wäre mehr als die gesamte Küstenlinie, also auch der Nationalpark Wattenmeer, von Öl bedeckt. Die Reaktion der Verursacher und der Regierung: Hilflosigkeit, niemand fühlt sich zuständig, dafür wird von einigen verzweifelten Naturschützern der Strand in der Länge der Kalifornischen Küste mit Papiertüchern vom Ölschlamm befreit. Selbst diese Hoffnungsvollen rechnen mit einigen Jahren, die man zur Säuberung der Inseln und Küstenstreifen benötigen wird.
Dies sind nur zwei Beispiele für die Unfähigkeit des Menschen, mit den Ressourcen schonend umzugehen und sie unversehrt der Nachwelt zu übergeben. Sie zeigen gleichzeitig aber auch, welche Interessengruppen sich durchsetzen: Den Großverursachern wird eine unglaubliche Schonfrist eingeräumt, die letzten Endes das Problem immer größer werden läßt.

Was können wir tun?

Wir müssen mit unseren Bestrebungen im Natur- und Umweltschutz vor unserer eigenen Haustür beginnen, denn es nützt uns wenig, die großen Umweltkatastrophen in anderen Erdteilen beseitigen zu wollen und dabei die naheliegenden Probleme zu vergessen.
Mit persönlichem Einsatz und der Arbeitskraft selbst einer Handvoll aktiver Naturschutzinteressenten kann im Laufe der Jahre ein Mosaik schützenswerter Naturinseln erhalten oder neu angelegt werden.

Entrümpelungsmaßnahmen sind für Jugendgruppen eine einfache Möglichkeit des praktischen Naturschutzes.

Schutzmaßnahmen an Kleingewässern

Unser vorrangiges Ziel muß die Erhaltung noch intakter Lebensräume sein, da hier meist noch ein gesicherter Bestand bereits weitflächig bedrohter Tier- und Pflanzenarten vorhanden ist. Leider hat die verstärkte Nutzung durch die Landwirtschaft diese Rückzugsgebiete, vor allem Tümpel und Weiher, sehr stark beschnitten. Schützende Röhrichtzonen oder angrenzende Hecken und Feldgehölze werden immer mehr zurückgedrängt, bis letzten Endes nur noch ein isoliertes Kleingewässer schutzlos den Beeinträchtigungen durch die Landbewirtschaftung preisgegeben ist.

So lohnenswert eine Tümpelentschlammung ist, sollte sie jedoch in Absprache mit der zuständigen Behörde durchgeführt werden.

Hier können wir mit unseren Bestrebungen ansetzen und mit der Anlage und Ausweitung von Schutzstreifen den Wert eines Feuchtgebietes vergrößern. Gespräche mit den Besitzern solcher Flächen sind zwar nicht einfach, oft zeigt man sich aber erstaunlich hilfsbereit, wenn eine Gruppe Jugendlicher oder eine Klasse mit dem betreuenden Lehrer dieses Problem anspricht. Häufig finden sich kleinere feuchte Senken, eingebettet in Feldfluren und Grünland, die sich zur Anlage von Kleingewässern hervorragend eignen. Nach abklärenden Gesprächen mit dem Besitzer der Flächen sollten die vorgesehenen Maßnahmen sorgfältig geplant werden, um mögliche Probleme anhand einer maßstabsgetreuen Zeichnung abschätzen zu können. Stimmt die Besonnung des Gewässers, oder stehen zu stark beschattende Bäume südwestlich des zukünftigen Gewässers? Kann genügend Oberflächenwasser gesammelt werden, steht möglicherweise sogar Grundwasser an? Kann der Tümpel frostsicher angelegt werden, hat er an der Tiefzone mindestens 80 cm Wassertiefe? Ist der Untergrund ausreichend wasserstauend? Werden von benachbarten Flächen möglicherweise Düngemittel eingeschwemmt? Können in Randbereichen andere Artenschutzmaßnahmen ergänzend durchgeführt werden, beispielsweise Anpflanzung von

Neuanlagen von Kleingewässern bereichern das Landschaftsbild und bieten zahlreichen Pflanzen und Tieren neuen Lebensraum.

Hecken, Obstgehölzen, Kopfweiden, Anlage einer Trockenmauer, Aufschichtung von Stein- oder Reisighaufen? Die Durchführung solcher zusätzlichen Maßnahmen bringt meist sehr viele Vorteile für die Bewohner eines Tümpels, da ein Großteil der Lebewesen nur zeitweilig das Wasser aufsucht und den Rest des Jahres im Umland verbringt.
Sehr sorgsam sollte die Fläche zur Anlage eines Tümpels bereits im Vorjahr angesehen werden, wenn die meisten Pflanzen bestimmbar sind. Orte mit sehr vielfältiger Vegetation oder gar seltenen Arten müssen unangetastet bleiben – schließlich soll mit der Neuanlage eines Feuchtlebensraumes die Umgebung bereichert werden, ohne daß wir andere Arten dabei schädigen.
Der Besatz mit Tieren und die Bepflanzung des Gewässers sollten mit viel Überlegung und genauer Planung vorgenommen werden.
Tiere, besonders Kröten, Frösche und Molche, sollten auf keinen Fall eingesetzt werden, da wir die Tiere oder deren Laich und Larven aus anderen Gewässern entnehmen müßten und damit andere Bestände schädigen. Andererseits muß man immer wieder feststellen, daß sich gerade Amphibien bereits im ersten Jahr kurz nach der Gewässerneuanlage einfinden, obwohl weit und breit kein Tümpel zu finden ist. Wir sollten der Natur hier die Chance bieten, auf ihre Weise die Neubesiedlung zu übernehmen, auch wenn dies langsamer ver-

Naturschutzaktivitäten wie der Schnitt von Kopfbäumen tragen dazu bei, daß wichtige Kleinlebensräume erhalten bleiben.

läuft als die viel zu häufig durchgeführte Hauruck-Ansiedlung. Ausnahmen ergeben sich bei sogenannten Pflegemaßnahmen an Kleingewässern, wenn wir stark verlandete, zugewachsene oder mit Faulschlamm angefüllte Tümpel entschlammen oder entkrauten. Bei kleineren Gewässern kann dies alle fünf bis zehn Jahre erforderlich sein, wobei der Eingriff für die Tier- und Pflanzenwelt große Vorteile bringt. Derartige Pflegeeinsätze müssen mit der zuständigen Behörde, in Nordrhein-Westfalen sind es die Landschaftsbehörden und Umweltämter, abgesprochen werden, da es sich um einen Eingriff in einen schützenswerten Lebensraum mit seltenen Arten handelt. Das Pflanzenmaterial, das wir bei einer solchen Maßnahme auslichten, kann zur Unterstützung in eine Neuanlage eingebracht werden, ohne bestehende Lebensräume zu schädigen.

Beim Tierbesatz verhält es sich ähnlich, auch hier bietet sich manchmal die Möglichkeit, aus einem durch Verkippung bedrohten Steinbruch oder einer Kiesgrube gefährdete Arten umzusiedeln. In jedem Fall ist aber auch hier die zuständige Behörde zu informieren, da wir ansonsten gegen die Naturschutzgesetze der Länder – in Nordrhein-Westfalen das Landschaftsgesetz – verstoßen würden. Gruppen, die sich längere Zeit mit dem Schutz von Gewässern auseinandersetzen wollen, können auch eine Patenschaft für einen bestimmten

Landschaftsbestandteil übernehmen. Dies bietet den Vorteil, daß der Besitzer und die Landschaftsbehörde ständige Ansprechpartner haben, mit denen sie Maßnahmen planen und durchführen können. Dazu zählen auch Säuberungs- und Entrümpelungsmaßnahmen, Gestaltungsaktivitäten oder die Aufhängung von Nist- und Fledermauskästen.
Diese Form der Dauerbetreuung bietet sich vor allem Naturschutz-Jugendgruppen an.

Schutzmaßnahmen an Fließgewässern

Während stehende Kleingewässer relativ einfach neu angelegt und Pflegemaßnahmen durchgeführt werden können, beschränken sich die Schutzaktivitäten an den Bächen und Flußläufen auf ein weitaus geringeres Spektrum. Zum einen sind die Folgen einer willkürlichen Veränderung von Bachbreite und -tiefe und damit der Fließgeschwindigkeit kaum abzuschätzen. Zum anderen verbietet das Wasserhaushaltsgesetz diese Eingriffe, um ungenehmigte Aufstauungen, Bachverlegungen und andere Maßnahmen zu verhindern. Ebenso ist die Anlage von Kleingewässern, die durch Bachwasser gespeist werden, verboten. Dies aus gutem Grund, denn in solchen Stillwasserbereichen erwärmt sich das Wasser des Baches und sein Sauerstoffgehalt nimmt ab. Vorgesehene Pflegeeinsätze oder Gewässerneuanlagen müssen mit der zuständigen Wasser- oder Landschaftsbehörde abgestimmt werden. Bachpatenschaften können sich aber auch auf andere Möglichkeiten beschränken, die keiner Genehmigung bedürfen. Dazu zählen insbesondere regelmäßige Säuberungsaktionen der Uferstreifen, da nach jedem Hochwasser Unmengen von Müll abgelagert werden.
In Zusammenarbeit mit den zuständigen Stellen kann entlang von Fließgewässern der Gehölzsaum gepflegt oder neu angelegt werden, insbesondere Weiden können als armdicke Stecklinge neu eingesetzt und nach einigen Jahren zu Kopfbäumen entwikkelt werden. Aus alten, hochgeschossenen Weiden und Pappeln können wir mit regelmäßigen Pflegeschnitten sehr schöne, bizarre Kopfbäume erhalten und verhindern zudem das vorzeitige Auseinanderbrechen dieser Bäume.
Im Laufe einiger Jahre können durch Bachpatenschaften zusammenhängende bachbegleitende Gehölzsäume entwickelt werden, die für viele Arten unersetzlich sind. Sowohl mit der Neuanlage und Pflege von stehenden Kleingewässern, der Entwicklung naturnaher Bachsäume als auch der Neuanpflanzung und dem Schnitt von Hecken und Feldgehölzen können wir einen wichtigen Beitrag für ein zusammenhängendes Mosaik von Lebensräumen leisten. Wenn die einzelnen Lebensräume miteinander verbunden werden, erhalten Kleintiere wieder die Möglichkeit, neue Flächen zu besiedeln oder in angrenzende Bereiche abzuwandern. Der Aktionsraum einer Erdkröte reicht nicht nur bis wenige Meter vom Gewässerrand entfernt, sondern die heranwachsenden Tiere entfernen sich bis zu 3 km weit von ihrem Geburtsgewässer auf der Suche nach nahrungsreichen Sommerlebensräumen. Unsere Schutzbemühungen können maßgeblich dazu beitragen, daß in unserer ausgeräumten Landschaft auch selten gewordene Arten wieder mehr Möglichkeiten zum Überleben finden.

Weiterführende Literatur

BARTHEL, P. H., JUNGMANN, W. W. und P. MIOTK: Natur aus zweiter Hand. Westermann, Braunschweig 1988.

BELLMANN, H.: Leben in Bach und Teich. Mosaik, München 1988.

BLAUSCHECK, R.: Amphibien und Reptilien Deutschlands. Landbuch, Hannover 1985.

CHINERY, M.: Insekten Mitteleuropas. Parey, Hamburg 1984.

CORBET, G. und D. OVENDEN: Pareys Buch der Säugetiere. Parey, Hamburg 1982.

DIERL, W.: Welcher Käfer ist das? Kosmos-Verlag, Stuttgart 1987.

DIESENER, G. und J. REICHHOLF: Lurche und Kriechtiere. Mosaik, München 1985.

DREYER, W.: Die Libellen. Gerstenberg, Hildesheim 1986.

ENGELHARD, W.: Was lebt in Tümpel, Bach und Weiher? Kosmos-Verlag, Stuttgart 1989.

FAUST: B. und C. P. HUTTER: Wunderland am Wegesrand. Thienemann, Stuttgart 1988.

FELDMANN, R. (Hrsg.): Die Amphibien und Reptilien Westfalens. Westfälisches Museum für Naturkunde, Münster 1981.

FREUDE, M.: Tiere als Baumeister. Urania, Leipzig 1982.

GLANDT, D.: Liebe auf vier Beinen. Koeller & Franke, Dinslaken 1976

GLEISS, H.: Eintagsfliegenlarven. Neue Brehm Bücherei Bd. 136, Ziemsen, Wittenberg 1954.

GRZIMEK, B. (Hrsg.): Grzimeks Tierleben Bd. 1–13. Kindler, Zürich 1973.

IMBODEN, Ch.: Leben am Wasser. Schweizerischer Bund für Naturschutz, Basel 1976.

JORDAN, K. H. C.: Die Wasserläufer. Neue Brehm Bücherei, Leipzig 1952.

JOREK, N.: Beispielhafte Gartenteiche. Pro-Bio, Melle.

JURZITZA, G.: Welche Libelle ist das? Kosmos-Verlag, Stuttgart 1988.

KABISCH, K. und J. HEMMERLING: Tümpel, Teiche und Weiher. Landbuch, Hannover 1982.

KUHN, K., PROBST, W. und K. SCHILKE: Biologie im Freien. Metzler, Stuttgart 1986.

LINE, L. und W. H. HODGE: Die Wunderwelt der Pflanzen. Droemer Knaur, München 1979.

MAITLAND, P. S.: Kosmos-Fischführer. Kosmos-Verlag, Stuttgart 1977.

MEYER, D.: Makroskopisch-biologische Methoden zur Wassergütebestimmung von Fließgewässern. BUND Hannover 1983, Vertrieb über Umwelt- und Medienladen, Charlottenstr. 5, 3000 Hannover 91.

NAUMANN, H.: Der Gelbrandkäfer. Neue Brehm Bücherei Bd. 162, Ziemsen, Wittenberg 1955.

PFLETSCHINGER, H.: Einheimische Spinnen. Kosmos-Verlag, Stuttgart 1979.

PODLOUCKY, R.: Wir tun was für Frösche und Kröten. Schneider, München 1986.

SAUER, F.: Tiere in Bach und Weiher. Hallwag, Bern 1979.

SAUER, F. und J. WUNDERLICH: Die schönsten Spinnen Europas. Fauna, Karlsfeld 1985. 3. Aufl.

SCHAUER, T. und C. CASPARI: Der große BLV-Pflanzenführer. BLV, München 1982. 3. Aufl.

SCHMIDT, E.: Ökosystem See. Quelle & Meyer, Heidelberg 1978. 3. Aufl.

SCHOBER, W. und E. GRIMMBERGER: Die Fledermäuse Europas. Kosmos-Verlag, Stuttgart 1987.

SCHRÖPFER, R., FELDMANN, R. und H. VIERHAUS: Die Säugetiere Westfalens. Westfälisches Mu-

seum für Naturkunde, Münster 1984.
SCHULZ, B.: Wasserlinsen. Neue Brehm Bücherei Bd. 304, Ziemsen, Wittenberg Lutherstadt 1962.
STEINBACH, G. (Hrsg.): Werkbuch Naturschutz. Kosmos-Verlag, Stuttgart 1988.
STEINBACH, G. (Hrsg.): Werkbuch Biotopschutz, Kosmos-Verlag, Stuttgart 1990
STERN, H., THIELCKE, G., VESTER, F. und R. SCHREIBER: Rettet die Vögel. Herbig, München 1978. 5. Aufl.
THIELCKE, G., HERRN, C. P., HUTTER, C. P. und R. L. SCHREIBER: Rettet die Frösche, Pro Natur, Stuttgart 1983.
VOGT, H. H.: Tiere intim. Ullstein 1973.
WICHARD, W.: Köcherfliegen. Neue Brehm Bücherei Bd. 512, Ziemsen, Wittenberg 1978.

Nützliche Adressen

Bund für Umwelt und Naturschutz Deutschland e.V. (BUND), Bundesgeschäftsstelle: Postfach 30 02 20, Im Rheingarten 7, 5300 Bonn 3
Landesverbände des BUND:
Baden-Württemberg
Erbprinzenstr. 18, 7800 Freiburg, Tel. 07 61/3 52 54
Bayern
Nordbayern: Kirchenstraße 88, 8000 München 80, Tel. 0 89/ 48 20 26
Südbayern: Theresienstraße 21, 8000 München 2, Tel. 0 89/ 39 60 89
Berlin
Jagowstr. 12, 1000 Berlin 21, Tel. 0 30/3 92 82 80
Bremen
Schmidtstr. 9, 2800 Bremen 1, Tel. 04 21/7 10 03
Hamburg
Lange Reihe 29, 2000 Hamburg 1, Tel. 0 40/24 44 11
Hessen
David-Stempel-Straße 1, 6000 Frankfurt 70, Tel. 0 69/61 44 44
Niedersachsen
Goebenstr. 3 a, 3000 Hannover 1, Tel. 05 11/66 30 95
Nordrhein-Westfalen
Graf-Adolf-Straße 7–9, 4030 Ratingen 1, Tel. 0 21 02/2 20 81
Rheinland-Pfalz
Friedrich-Ebert-Straße 9, 6522 Osthofen, Tel. 0 62 42/46 46
Saarland
Futterstr. 14, 6000 Saarbrücken 3, Tel. 06 81/3 39 57
Schleswig-Holstein
Lerchenstraße 22, 2300 Kiel, Tel. 04 31/67 30 31
BUND Jugend
Im Rheingarten 7, 5300 Bonn
Deutscher Bund für Vogelschutz (DBV) Bundesgeschäftsstelle: Am Hofgarten 4, 5300 Bonn
Naturschutzjugend im DBV
Königssträßle 74, 7000 Stuttgart-Degerloch
Deutscher Jugendbund für Naturbeobachtung (DJN)
Buchenstr. 18, 2000 Hamburg 60
Deutsche Gesellschaft für Herpetologie und Terrarienkunde (DGHT) Museum Alexander König, Adenauerallee 150–164, 5300 Bonn 1
World Wildlife Fund (WWF)
Sophienstr. 44, 6000 Frankfurt 90
Österreichische Gesellschaft für Natur und Umweltschutz
Hegelgasse 21, A-1010 Wien
Schweizerischer Bund für Naturschutz (SBN) Wartenbergstraße 22, CH-4020 Basel

Register